contemporanea | trecento

Alla memoria di Jacques Delors

Enrico Letta

Molto più di un mercato

Viaggio nella nuova Europa

il Mulino

I lettori che desiderano informarsi sui libri e sull'insieme delle attività della Società editrice il Mulino possono consultare il sito Internet: **www.mulino.it**

ISBN 978-88-15-39042-4

Redazione e produzione: Edimill srl – www.edimill.it

Indice

1. Un caffè a Lubiana, fra Trieste e Zagabria

Ciò che scrivo non appartiene solo a me. È il risultato di un grande esercizio collettivo, di un viaggio in cui ho apprezzato tutta la ricchezza e la diversità dell'intera UE.

È stato il più bel viaggio della mia vita. Mi ha fatto innamorare definitivamente dell'Europa. Mi ha riportato in continuazione alla memoria i dialoghi con Jacques Delors intorno alla sua famosa frase «non ci si può innamorare di un Mercato Unico». Ne discutevamo, negli ultimi anni della sua vita, quando, bloccato nell'abitazione in rue Saint-Jacques a Parigi, mi riceveva di pomeriggio, regolarmente alle 16, per essere aggiornato sulle attività dell'Istituto Jacques Delors - Notre Europe, di cui avevo assunto la presidenza poco dopo aver cominciato il mio periodo universitario parigino a Sciences Po. Gliela contestavo, quella frase. Discutevamo della capacità o meno del mercato unico di evocare passioni. Per me, e per tanti della mia generazione, quel traguardo, e soprattutto le quattro libertà dell'«Europa del '92», erano stati il sogno: emozioni, passione, senso della storia che si compie. E in quegli anni era effettivamente impossibile non cogliere, dietro l'abbattimento delle frontiere interne dell'Europa, un grande ideale di libertà.

La libera circolazione di merci, servizi, capitali e persone era diventata quasi sinonimo di libertà *tout court*, anche grazie a quello straordinario evento liberatorio che era stato l'abbattimento del Muro di Berlino, avvenuto più o meno in contemporanea.

A ben vedere, nel linguaggio di Delors il «non ci si può innamorare di un Mercato Unico» era il riflesso del suo peculiare modo di lavorare e della sua attitudine alla concretezza. Uno spirito pragmatico che si traduceva nello stare sempre coi piedi ben piantati a terra e nell'evitare ogni mirabolante gioco di prestigio, si trattasse di comunicazione o di promesse di facile presa in termini di consenso. La sostanza per lui contava più di ogni altra cosa. Se c'era la sostanza, si poteva aggiungere il resto, a partire dalla narrazione e da un genuino sforzo immaginifico.

Ad ogni modo, anche io, che pure avevo sempre associato alle quattro libertà passione ed emozioni, riconoscevo che negli ultimi dei suoi trent'anni di vita il mercato unico avesse perso slancio. Che le crisi che si stavano susseguendo ne stessero minando la stabilità. E che il graduale ma inesorabile dilatarsi della componente burocratica ne avesse eroso il fervore ideale.

Le crisi, appunto. Come è noto, hanno cambiato i connotati della nostra democrazia. A partire dalla duplice emergenza finanziaria del 2008 e del 2011 il ritorno di pulsioni nazionaliste in Europa ha rappresentato un elemento di continuità mai interrotto che ha messo fortemente sotto pressione la costruzione europea. Il bisogno spontaneo, da parte di larghe fette della popolazione, di protezione (e di protezione di prossimità, quindi innanzitutto nazionale) è stato accentuato dalla lunga serie di eventi traumatici che ha contrassegnato l'ultimo decennio della vita europea. La Brexit, la crisi migratoria, la crisi della pandemia e poi la scellerata invasione russa dell'Ucraina, con la conseguente pesante crisi energetica, sono solo i capitoli più neri di una lunga storia di difficoltà e di contraddizioni che hanno fortemente perturbato l'Europa e la sua principale realizzazione, vale a dire, appunto, il mercato unico. Tutto innegabile, ma c'è una verità che troppo spesso sfugge. In fondo, queste crisi, che non si fa fatica a definire epocali, hanno dimostrato oltre ogni ragionevole dubbio una evidenza: l'insostituibilità dell'Unione Europea. Come avremmo affrontato la pandemia, e la conseguente recessione, senza l'Europa? Cosa sarebbe avvenuto senza la straordinaria operazione di acquisto comune dei vaccini e senza Next Generation EU, la più grande operazione di finanziamento, di indebitamento e di investimento comuni mai sperimentata nel nostro continente? E come avremmo retto all'impatto della guerra russa all'Ucraina senza una risposta subito unitaria?

Dunque, per raccontare questi anni, non basta una sola chiave di lettura. Ce ne sono almeno due, per molti versi complementari. Da una parte, il bisogno di protezione che facilmente trova sfogo in una narrazione nazionalista. Dall'altra parte, il diffuso senso di insostituibilità della costruzione europea, difesa oggi da quasi tutti, anche da coloro che prima ne mettevano in discussione la stessa esistenza. Europa imperfetta, criticata, vulnerabile, ma insostituibile.

Dunque, è piuttosto arduo stabilire che posto possano trovare le passioni dentro questo complesso incastro di contraddizioni. Io, come dicevo, ne ho percepita tanta di passione e ho riscoperto la forza delle emozioni in questo lungo viaggio fatto in lungo e in largo per l'Europa per preparare e scrivere il Rapporto sul futuro del Mercato Unico richiestomi dalle istituzioni comunitarie, in particolare dal Consiglio e dalla Commissione, di cui si trova una sintesi nella seconda parte del volume insieme al QR code per scaricarne la versione originale in inglese. Un lavoro che ho intrapreso partendo dalle eccellenti intuizioni contenute nel Report di Mario Monti del 2010, un punto di riferimento ancora attuale per animare il dibattito sul futuro del Mercato Unico.

In circa nove mesi ho avuto 400 incontri e visitato 65 città. Ho dialogato con i rappresentanti dei governi e dei Parlamenti dei 27 Paesi membri e degli altri Stati che in tutto o in parte sono dentro il Mercato Unico (Norvegia, Liechtenstein, Islanda e Svizzera). Ho discusso, alle volte animatamente, anche molto animatamente, con i rappresentanti di parti sociali, imprese, sindacati, banche, assicurazioni, professioni, cooperative, associazioni del Terzo

Settore e dei consumatori. Ho avuto modo di farlo nella principale capitale europea, Bruxelles, ma anche nelle tante città visitate nei vari Stati Membri. Ho avuto lo straordinario privilegio di incontrare tante studentesse e tanti studenti in molte comunità accademiche nelle quali ho potuto confrontare le mie idee e ascoltare tesi e proposte.

Mi sono arricchito con il dialogo con molte delle migliori menti accademiche europee e non solo. Lo stesso ho avuto modo di fare visitando tanti prestigiosi *think tank* a Bruxelles, nelle capitali degli Stati Membri ma anche fuori dall'Unione Europea, a Ginevra, a Londra, a Johannesburg, a New York e a Washington. Ho incontrato tanti cittadini di tutti i Paesi europei. Cittadini appassionati e cittadini arrabbiati, cittadini con la voglia di discutere e cittadini sfiduciati. Ho incontrato anche quelli che hanno partecipato alla più grande esperienza di democrazia partecipativa europea che è stata la Conferenza sul futuro dell'Europa. Insieme a loro, e ascoltandoli, mi sono convinto che la partecipazione politica a livello europeo va profondamente rivitalizzata. Ho capito il rischio che corre la nostra democrazia, inquadrata dentro schemi antichi e poco adatti alle novità di oggi e alla dimensione transnazionale.

È stato uno straordinario viaggio nella bellezza dell'Europa, una bellezza che è data soprattutto dalla diversità e dalla ricchezza di storie millenarie e tradizioni antichissime che si incontrano in un orizzonte sempre rinnovato. Ne sono uscito rinfrancato e soprattutto arricchito. Ovunque ho colto sfumature, differenze e tonalità diverse. Mai ho avuto la percezione che queste differenze camuffassero incompatibilità strutturali e men che meno radicali. Ovunque ho colto profondità di pensiero spesso vertiginosa e altamente coinvolgente. Mai ho percepito superficialità e mancanza di consapevolezza della responsabilità che ricade sulla costruzione comune europea.

La curiosità e il rispetto per il punto di vista degli altri è stato il filo conduttore degli scambi e degli incontri, anche quando le divergenze sono emerse in modo più profondo. In fondo è proprio in questo che scopriamo la forza dell'Unione Europea. Decidere insieme all'interno di istituzioni che ci vedono convivere, tutti a rappresentare pezzi diversi, storie differenti e geografie e climi anche radicalmente lontani, rappresenta un esercizio entusiasmante, alle volte faticoso, ma sempre produttivo, di democrazia e di partecipazione basato sempre sul rispetto reciproco.

Sto raccontando un idillio? Una storia edulcorata rispetto alla dura realtà fatta di tante contrapposizioni e divisioni, di scontri, blocchi e veti? No, certo che no. Mai come in questo viaggio in Europa ho capito tutte le difficoltà e visto tutti gli ostacoli che sono davanti alle istituzioni europee per poter prendere le decisioni nei modi giusti e nei tempi più congrui. Per redigere il Rapporto ho però anche potuto ricevere tante idee e suggerimenti, frutto di appassionata militanza europeista e di tanta competenza diffusa tra Bruxelles e le capitali europee. Sono profondamente grato a tutti coloro che in una forma o nell'altra hanno dato un loro contributo a questo processo di elaborazione collettiva. Mi piacerebbe citarli tutti ma servirebbe un altro libro per elencarli.

È trascinante la sensazione che si prova quando si percepisce quanto la diversità possa diventare ricchezza. E quanto l'Europa sia un concentrato unico di questa diversità che si fa patrimonio comune. Il viaggio, che è terminato con il Rapporto *Much more than a market* (Molto più di un mercato), mi ha restituito la straordinarietà dell'idea e della realizzazione europea. Questa bellezza deve uscire da una dimensione astratta e diventare esperienza di vita vissuta.

Questo Rapporto dunque non è "mio". Ovviamente, ne sono io il responsabile e me ne carico per intero sulle spalle la responsabilità. Ma questo Rapporto è prima di tutto il risultato di un grande esercizio collettivo che ha coinvolto molte persone e convogliato tante idee, essendo stato elaborato nel corso di un viaggio che ha toccato praticamente l'intera Unione Europea, oltre ai Paesi candidati all'adesione e a quelli non membri ma che condividono con noi il Mercato Unico.

L'innamoramento è evidentemente un concetto che, sulla carta, non ha molto a che fare con il mercato, con la società e con l'Europa. Delors, sotto questo punto di vista, non aveva tutti i torti. Ma la passione no. La passione può e deve esserci. Per secoli il solo fatto di essere di nazionalità diversa rendeva impossibile la convivenza e probabile lo scontro. La storia dei Paesi europei è una lunga e implacabile sequela di vittorie e di sconfitte. Un altalenante, eterno, su e giù fra tentativi di egemonia e ripristino dell'equilibrio, nel quale distruzione, morte e devastazione erano il naturale corollario del sistema binario vittoria/sconfitta. Questa equazione è entrata in crisi con la nascita dell'Europa comunitaria. È così che Paesi confinanti che per secoli si erano fatti la guerra hanno accettato uno schema di convivenza, che si è tradotto in pace e opportunità di benessere.

È l'Europa unita che ci ha insegnato che col vicino si può vincere insieme, cooperando. Ho attraversato decine e decine di confini in questo viaggio e mai ho sentito che le nostre frontiere interne avessero ancora il senso che abbiamo loro dato per secoli. Per esempio, la «frontiera delle frontiere», quella tra Francia e Germania. L'ho varcata tantissime volte senza alcun problema. Eppure, non serve un grosso sforzo per ricollegarla ai milioni di ragazzi che non hanno potuto vivere una vita completa perché per secoli sono stati mandati a morire proprio lì, per spostarla di qualche chilometro in avanti o indietro. Discorso simile può farsi per l'Isonzo, il Brennero, l'Adige. O per Gorizia, per decenni divisa in due dalla cortina di ferro e oggi riunita in un'unica città capitale della cultura grazie all'UE. Scrivo queste righe in un caffè di Lubiana. Per visitarla sono passato da Trieste, dove il mio amico Francesco Russo mi ha portato, come sempre fa, al mitico Caffè San Marco, assecondando la nostra antica comune passione per i caffè delle vecchie capitali dell'Impero Austro-ungarico. Poi andrò a Zagabria. Oggi attraverso queste frontiere e nemmeno me ne accorgo. Milioni di persone hanno combattuto e si sono uccise per secoli per difenderle. Questo grazie alla UE non avverrà mai più. Siamo stati fortunati a nascere in Europa nel secolo giusto e dobbiamo fare di tutto per non sprecare il destino che abbiamo ricevuto in eredità. Questo libro è insieme un inno all'Europa e una chiamata all'azione per essere degni della sua grandezza.

2. Il tassista di Berlino

In quasi quarant'anni è cambiato tutto. Capire il nuovo ordine globale e una geopolitica in continua trasformazione è essenziale per il futuro del Mercato Unico.

Sono a Berlino con Tullio Ambrosone e Andrea Lamberti. Prendiamo un taxi in una giornata strapiena di appuntamenti tra Bundestag, Ministeri vari, Cancelleria e, alla fine, la Hertie School, con il suo Delors Centre dove ci aspetta il direttore, Johannes Lindner. L'autista ci sente parlare tra noi e capisce che siamo italiani. All'arrivo tiro fuori la carta, ci guarda con un sorriso complice: «Ehi, mica siete svedesi. Con gli italiani niente carte di credito, datemi cash». Non ho la prontezza di replicare e tiro fuori i contanti.

Mi torna in mente la prima volta che andai a Berlino. Ero ventenne e c'era ancora il Muro. Niente taxi: metro e a piedi. Non dimenticherò mai la sala del controllo passaporti al Check Point Charlie. Buio pesto, pareti e soffitto dello stanzone completamente neri. Solo una luce su di me e una guardiola da cui l'agente della DDR controllava i miei documenti. Complice forse un filo di suggestione, quei minuti mi sembrarono interminabili, nel silenzio e con un sentore di sospetto impalpabile nell'aria. Uscii con una strana inquietudine addosso: c'era certo la voglia di vedere finalmente Berlino Est, ma anche, da subito, il desiderio di tornare il prima possibile alle luci, ai sorrisi e ai rumori di Berlino Ovest.

Nel momento in cui ventenne io attraversavo il Check Point Charlie, da Bruxelles Jacques Delors aveva già concepito e lanciato il Mercato Unico. Quindi, se lo inquadriamo in una prospettiva storica, realizziamo che quello fosse un piano elaborato e varato a guerra fredda in corso, con il Muro di Berlino ancora in piedi. Non è una semplice questione di date, perché, sul piano strettamente geopolitico, che uno degli snodi principali del percorso di integrazione europea avvenisse con la Germania ancora divisa è un aspetto quantomeno interessante. Di più: esisteva ancora l'Unione Sovietica, l'Unione Europea neanche aveva ancora questo nome ed era composta da tre comunità; la Cina e l'India insieme rappresentavano meno del 5% dell'economia globale (oggi oltre il 20%), dei BRICS non era stato creato neppure l'acronimo.

Oggi come allora la capitale di quella Germania poi riunificata è senz'altro uno dei luoghi più emblematici per riflettere sull'impatto dell'ordine globale sul mercato unico. Si tratta, in definitiva, di guardare al «quadro generale» e di inquadrare la riforma del Mercato Unico alla luce dei cambiamenti della contemporaneità, per far sì che esso sia pienamente inserito nella fase che attraversiamo e che possa adattarvisi per dare prosperità e benessere ai cittadini europei anche per i prossimi trent'anni.

L'Europa, nel frattempo, si è riunificata e allargata e si sta preparando a nuove adesioni. Quasi tutto lo spazio europeo ex sovietico è parte dell'Unione o si sta candidando a esserlo. Quando Delors ha lanciato le «quattro libertà», quando il Mercato Unico è stato pensato, l'UE era composta da dieci Stati Membri di cui uno, importante in generale e molto importante per il Mercato Unico, ci ha lasciato nel 2016 con il referendum della Brexit, la Gran Bretagna appunto. Spagna e Portogallo entrarono l'anno dopo l'inizio della Presidenza Delors, nel 1986. Il Mercato Unico dei prossimi trent'anni potrebbe invece essere condiviso da quasi quaranta Paesi, se includiamo i candidati all'adesione e i tre Stati che già lo condividono senza essere parte dell'UE, vale a dire, come abbiamo visto, Norvegia, Islanda e Liechtenstein. Riassumendo, di questa quarantina di Paesi, solo nove c'erano dall'inizio: Italia, Francia, Germania, Belgio, Paesi Bassi, Lussemburgo, Danimarca, Irlanda e Grecia.

Difficile trovare altri progetti politici che abbiano registrato un così rapido aumento dimensionale. È chiaro che questa crescita modifica dall'interno, e in profondità, l'idea stessa del Mercato Unico e molto del suo framework regolatorio e valoriale. Prima di tutto per via del confine esterno ad est, quello con la Russia, che ridiventa una frontiera da cortina di ferro, proprio come quelle che l'Europa unita aveva conosciuto prima del 1989. Un confine da Guerra Fredda stravolge le dinamiche geopolitiche e ricalibra molti equilibri interni, sia economici, sia, ovviamente, di sicurezza. Diventano più strategici i territori di frontiera e giocano un ruolo diverso i Paesi che condividono questo confine. A ben vedere, gli equilibri interni subiscono scossoni anche su grandi questioni valoriali che quando fu lanciato il Mercato Unico non erano nemmeno lontanamente oggetto di discussione interna alle istituzioni europee. I Paesi fondatori e quelli dei primi allargamenti, infatti, condividevano una visione comune dei principi fondanti dello Stato di diritto e della democrazia liberale. Su questi valori non vi era nulla da discettare, né vi erano da escogitare formule di compromesso, condizioni e scenari di messa in mora o addirittura espulsione. Non è un caso che nei primi Trattati l'uscita di un Paese non fosse nemmeno contemplata.

Quanto accaduto nell'ultimo quinquennio in diversi Paesi, a partire da Polonia e Ungheria, ha alterato radicalmente i termini della questione e condizionato in profondità la riflessione attorno ai valori fondanti l'unità europea e alle forme più idonee per garantirne, ovunque nella UE, il rispetto, oltreché per scongiurare eventuali fughe in avanti in senso autoritario o altri fenomeni di erosione dei capisaldi della democrazia. Si tratta di un tema sollevato a più riprese, con toni sempre preoccupati, nei diversi incontri che ho avuto; penso al bel confronto a Berlino con il Cancelliere tedesco Olaf Scholz, alla lunga conversazione che ho avuto modo di svolgere con Elly Schlein poche settimane prima della presentazione del Rapporto.

In questa chiave è evidente che ogni dibattito sugli ulteriori allargamenti non potrà prescindere dall'evoluzione dello scenario geopolitico. E va da sé che la stessa discussione sul futuro del Mercato Unico ne deve, sin da subito, tenere conto. Per questo nel Rapporto ho messo l'accento sulla relazione tra i principi base dello Stato di diritto e il Mercato Unico. In passato questo aspetto non era considerato, non sembrava necessario. Oggi lo è. Di più: è fondamentale, per tanti motivi. Ne cito uno in particolare di cui mi sono occupato nella giornata trascorsa a Lussemburgo presso la Corte di Giustizia dell'Unione Europea. La questione dell'indipendenza della giustizia su scala nazionale ha un diretto impatto sul funzionamento concreto del Mercato Unico su scala europea. Ne ho parlato con il Presidente della Corte, Koen Lenaerts. Gli incontri con lui, durante questo viaggio in Europa in preparazione al Rapporto, si sono rivelati tra i più preziosi. Se, infatti, la giustizia non è amministrata in modo indipendente e secondo parametri condivisi, si smarrisce una delle principali condizioni di successo del Mercato Unico. Qualunque cittadino di un Paese europeo deve potersi fidare del modo con cui sono concretamente applicati i principi giuridici in uno Stato membro che non è il suo. Se, ad esempio, in un qualche Paese UE i giudici favorissero l'impresa locale rispetto a un altro competitor europeo, a prescindere dalla corretta applicazione del diritto per un eventuale caso di contenzioso, il Mercato Unico non avrebbe più senso di esistere. Ognuno sarebbe in definitiva obbligato a operare nel proprio Paese o a fare fusioni con imprese locali per avere pari opportunità nella competizione. Questo, semplicemente, non sarebbe più un mercato unico. Dunque, l'indipendenza della giustizia, uno dei cardini dello Stato di diritto, deve essere garantita senza tentennamenti all'interno di tutta l'Unione Europea. E ho fatto solo un esempio molto basico per descrivere il corretto funzionamento di uno spazio unico basato sulle quattro libertà.

La nuova geopolitica del Mercato Unico ha peraltro molte altre conseguenze. Quelle che riguardano la sicurezza e la difesa sono evidentemente uno snodo cruciale. Più avanti nel libro ne analizzo l'impatto sulle istituzioni europee e sulle esigenze di finanziamento dell'Unione. Altre ripercussioni sono illustrate in specifici capitoli e riguardano la logica di scala e le dimensioni del mercato europeo e dei suoi attori principali. Premessa d'obbligo: non sono un amante del gigantismo; anzi, penso che la grande forza dell'Europa sia proprio il giusto mix tra grande e piccolo. Questo virtuoso equilibrio consente il massimo rispetto per la persona, in qualità di cittadino o di consumatore. A proposito di consumatore, la sua tutela è una delle conquiste più qualificanti dell'Europa unita. Non possono esserci dubbi: essa deve continuare ed essere anzi rafforzata, come argomento diffusamente nel Rapporto e come ho condiviso con l'Ufficio europeo delle Unioni dei consumatori (noto con l'acronimo francese di BEUC) e con associazioni di consumatori locali e nazionali in molti dibattiti di questo viaggio. È bene quindi ribadirlo: non c'è dimensione geopolitica che possa essere barattata con la protezione dei cittadini e consumatori europei.

In numerosi settori, però, la protezione dei consumatori passa oggi dal superamento della frammentazione di 27 mercati nazionali per arrivare a un vero mercato europeo. Innanzitutto, perché questo è l'unico modo per eliminare odiose differenze tra Paesi in termini di standard e livelli di protezione dei cittadini. Ma soprattutto perché in numerosi settori strategici oggi i mercati nazionali sono un freno alla crescita e all'innovazione delle aziende, che si trovano così ad offrire ai consumatori europei servizi molto meno avanzati, efficienti e competitivi di quanto non potrebbero fare se potessero operare su scala veramente europea. Negli anni Ottanta, in numerosi settori strategici – a partire dai mercati finanziari, dalle telecomunicazioni e dall'energia – i mercati nazionali apparivano ai governi come un efficace strumento di tutela degli interessi nazionali e dei propri cittadini. Oggi non è più così: i mercati nazionali sono un tetto, un ostacolo alla crescita e all'innovazione delle aziende che espone tutti i Paesi europei a rischi strategici enormi e costringe i consumatori ad accettare offerte e servizi ben meno vantaggiosi di quanto potrebbero lanciare sul mercato aziende di respiro veramente europeo, in grado di reggere il confronto coi giganti americani, cinesi o indiani.

Questa riflessione ha immediate conseguenze sul piano geopolitico. Non a caso, in praticamente tutte le visite del viaggio, è emerso un collegamento tra la riflessione sul futuro del Mercato Unico e le trasformazioni nel frattempo intervenute nello scenario geopolitico. Collegamento in termini di elaborazione intellettuale, che in alcuni casi è stato anche un legame per così dire tangibile, attualissimo, correlato ad eventi che via via avvenivano in quei mesi e che cambiavano, strada facendo, alcuni elementi di fondo. Penso, ad esempio, alla mia tappa a Zagabria e agli incontri con il primo ministro e con il governo croato, con le parti sociali, le Autorità indipendenti e il mondo accademico. Tutti colloqui avvenuti proprio il 12 marzo 2024, giorno in cui si è aperto il percorso negoziale per l'ingresso della Bosnia Erzegovina nell'UE. Vivere quell'evento proprio in Croazia, con tutto ciò che implica in termini di rapporti presenti, passati e futuri con Sarajevo, è stato per me di grande impatto. Così come ha avuto un significato enorme andare a Stoccolma nei giorni della finalizzazione della adesione della Svezia alla NATO o visitare i Paesi Baltici nel pieno dell'offensiva russa in Ucraina. È come se la storia si compisse, tassello dopo tassello, in contemporanea con il viaggio, quasi rendendoci faticoso il compito di tenerne il passo e adattare la nostra riflessione ai mutamenti in corso.

Nelle visite negli Stati Membri mi sono confermato nell'idea che già avevo però chiara a partire dalla forte spinta che mi avevano dato i principali mandatari del rapporto, cioè i primi ministri dei due Paesi che hanno gestito la Presidenza UE nel periodo del viaggio, Alexander De Croo e Pedro Sánchez, insieme al Presidente del Consiglio Europeo, Charles Michel, alla Presidente della Commissione, Ursula von der Leyen e all'Alto Rappresentante per la Politica Estera e di Sicurezza Comune, Josep Borrell. In modi distinti e in tempi diversi mi hanno sempre dato lo stesso suggerimento: considerare il contesto geopolitico come essenziale per il Rapporto.

Ma sono stati anche gli incontri fuori dall'Europa che hanno consentito di persuadermi ulteriormente della giustezza di questa impostazione. Osservare l'Europa da fuori è sempre illuminante per capire quanto essa sia potenzialmente marginale e quanto la frammentazione e la logica nazionalista rappresentino un rischio mortale. Ho avuto questa percezione in particolare a Johannesburg, incontrando i rappresentanti delle istituzioni del Sudafrica, uno dei BRICS. Ascoltare il segretario generale dell'African National Congress, Fikile Mbalula, e discutere con lui, è stato molto esplicativo. Anche perché proprio a Johannesburg ho avuto un altro flashback, passando davanti allo stadio di Soweto, dove nel dicembre 2013 avevo partecipato, da Presidente del Consiglio, a un evento unico quale era stata la cerimonia di omaggio mondiale per la scomparsa di Nelson Mandela. Il mondo intero era accorso e la percezione che avevo avuto sulla marginalità potenziale dell'Europa in quel giorno di dicembre di undici anni fa mi ricorda per molti versi le preoccupazioni che nutro oggi. Marginalità per le presenze, per i discorsi, per le evocazioni, per il tenore complessivo di quella indimenticabile giornata.

Una marginalità a cui non possiamo certamente rassegnarci. Dobbiamo assumere la necessità di un salto di soglia dell'Unione Europea e del suo Mercato Unico come una necessità irrinunciabile e come una urgenza massima. Le scelte dei prossimi anni saranno decisive per capire se scegliamo la frammentazione e quindi la marginalità e il declino oppure se vogliamo sul serio stare al passo coi cambiamenti del mondo.

Quel che dopo questo viaggio so è che l'inerzia equivale al declino. La dimensione geopolitica del Mercato Unico vuol dire questo. L'inerzia è una scelta. Ed è negativa. Se vogliamo invertire la tendenza dobbiamo scegliere di agire e non di stare fermi.

3. Tra gli agricoltori a Varsavia

L'allargamento è una scelta strategica, una scelta di non ritorno. Dal passato possiamo trarre tante lezioni per gestirlo al meglio.

Per raggiungere il Collegio d'Europa, a Natolin, periferia di Varsavia, devo dribblare i blocchi degli agricoltori che assediano la capitale polacca. Vado a confrontarmi sulla dimensione esterna del mercato unico, e soprattutto sull'allargamento dell'Ue all'Ucraina e ai Paesi Balcanici, con i cento e più studenti lì presenti. Conoscono bene la materia, sono preparati. È una delle due sedi del Collegio, dedicata proprio alla proiezione esterna, in stretto collegamento con la sede di Bruges, diretto oggi da Federica Mogherini.

Per arrivare a Natolin ascolto gli slogan degli agricoltori polacchi in corteo dalle parti della grande piazza Piłsudski a Varsavia. Me li traducono, ovviamente. Dicono a gran voce che sono preoccupati di trovarsi alla fine col cerino in mano, di essere costretti a sostenere sia i costi dell'allargamento dell'UE all'Ucraina, potenza agricola per eccellenza che prevedibilmente allarma molti dentro l'Unione, sia il prezzo della transizione verde, del *green deal*. Parlo con alcuni di loro in strada. Non è facile capirsi, ma il concetto è talmente semplice e diretto che, nonostante la lingua, non facciamo troppa fatica. Non vogliono essere solo o principalmente loro a pagare il costo della transizione verde.

La transizione è uno dei grandi obiettivi dell'UE. Un obiettivo confermato, strategico e addirittura vitale. Ma come tutti i grandi progetti, i costi sono elevati. Si parla di fabbisogni di investimento tra i 500 e i 700 miliardi di euro l'anno per il prossimo decennio. Il fatto che le istituzioni europee e i governi nazionali non abbiano specificato come copriranno questa enorme spesa fa sospettare agli agricoltori che saranno proprio loro a rimetterci. Non sono d'accordo con gli eccessi di certe proteste, ma è difficile confutarne la logica.

Superati i blocchi degli agricoltori, arrivo al Collegio dove incontro gli studenti e con loro affronto lo stesso tema: accenti diversi, obiezioni comunque ragionevoli, a testimonianza della complessità di una questione su cui non è possibile procedere dialetticamente a colpi d'accetta. È una bella discussione, densa di spunti e sollecitazioni intellettuali. Soprattutto è una discussione vera, tosta, anche perché vi partecipano pure studenti che provengono dai Paesi candidati all'ingresso. Come ad ogni allargamento è sempre toccante vedere i volti e percepire le attese di chi vuole essere parte dell'Europa unita. L'aspirazione a diventare cittadini europei a tutti gli effetti è, ancora, una spinta di inaudita potenza. E per noi, europei della prima ora, questa voglia di esserci è l'ennesima lezione di quanto sia preziosa e importante l'Europa delle quattro libertà che è stata costruita con tanto impegno, intelligenza e determinazione da Jacques Delors. Le suggestioni sono forti e alla fine non possono che prevalere l'apertura e l'accoglienza.

Come si possono tenere fuori Paesi la cui indipendenza e sicurezza, fuori dall'Ue, non sono pienamente garantite? Con che coraggio infrangere il sogno di tanti giovani che si trovano al bivio tra lo sperimentare, nel giorno per giorno, tutte le libertà, le opportunità e la sicurezza della cittadinanza europea, o il restare in un limbo di incertezza e precarietà, che peraltro può essere sconquassato da un momento all'altro da imprevedibili svolte neoimperialistiche o anche solo dai danni collaterali minori di chissà quali rigurgiti della storia? L'allargamento è una delle decisioni strategiche più delicate, ma anche più importanti della vita europea. È una scelta difficile, una scelta di non ritorno. Si dirà che c'è stata la Brexit, quindi che dopotutto si può fare dietrofront, ma io credo che in definitiva quella sia stata una eccezione. Una dispendiosa, autolesionistica, sciagurata eccezione. La regola rimane il non ritorno. E se non esiste possibilità alcuna di inversione di marcia, non sono ammissibili né l'eventuale nostalgia o rimorso del dopo, né, soprattutto, l'approssimazione e la superficialità del prima, vale a dire della fase in cui l'allargamento si decide e poi si gestisce. Perché l'Europa che esce da un allargamento non è, semplicemente, la stessa di prima. Sì, è un'altra cosa.

Ci abbiamo messo un po' a impararlo, ma oggi mi sembra che sia chiaro a tutti. Per quanti anni siamo andati avanti, dopo il grande allargamento a est, quello avvenuto tra il 2004 e il 2007, illudendoci che tutto fosse come prima? Il treno era lo stesso, pensavamo. E a guidarlo c'erano più o meno gli stessi conducenti. Dopotutto erano stati aggiunti solo un po' di vagoni, lì dietro, giù in fondo. Tutte illusioni. La verità è che l'Europa del post allargamento era ben più complessa da gestire.

Quanto avvenuto in questi anni in Polonia e Ungheria ci ha costretto ad assimilare fino in fondo due consapevolezze: da un lato il peso ingombrante delle spinte identitarie e dall'altro l'effetto frenante del complesso di regole che ci siamo portati dietro come una zavorra per anni, senza aver la determinazione o la forza politica di modificarle. Il diritto di veto è l'esempio più clamoroso. L'Europa di oggi, larga e con questa generosa facoltà di interdizione, affronta difficoltà diverse da quelle sperimentate in passato. E bene si capisce che errore capitale fu, anni fa, subito prima dell'allargamento, non aver cassato il diritto di veto, regalando così un potere di blocco del tutto spropositato. Ecco perché oggi, a Trattati invariati, è così complesso gestire il processo di allargamento in agenda. Si dovrebbe, appunto, eliminare il diritto di veto o quantomeno trasformarlo in un «veto collettivo» – un veto a tre, ad esempio – in modo da arginare il potere ricattatorio esercitato da un solo, singolo, Stato Membro.

C'è un'analisi interessante del professor Ramses A. Wessel dell'Università di Groningen che illustra in maniera efficace quanto frequentemente il veto sia stato impiegato come una sorta di estorsione. Lo si utilizza così spesso non perché si intenda perseguire un interesse nazionale in uno specifico frangente, ma come *do ut des*: ti do il via libera su questo in cambio di un vantaggio su quello. E «quello» ha sempre o quasi la natura di una contropartita finanziaria. Certo, il diritto di veto c'era anche prima, ma nessuno, neppure Margaret Thatcher, ne aveva fatto ricorso nel modo sfrontato con il quale lo si usa oggi. È un'altra Europa quella che è uscita dall'allargamento, lo abbiamo visto. E oggi si sente il peso della responsabilità di non aver avuto il coraggio di fare le scelte di governance necessarie al momento giusto.

Non è mai troppo tardi, ma adesso è molto più complicato. Per aggirare l'ostacolo il veto multiplo può, l'ho detto, essere una buona soluzione. Si tratta di mantenere il principio – quella facoltà di interdizione alla quale molti sembrano non voler rinunciare – depurandolo però del suo potenziale ricattatorio. Quale Paese potrebbe oggi trovare altri due Stati Membri disposti a seguirlo sulla strada di un veto esercitato palesemente per biechi interessi di parte? Allo stesso tempo, il mantenimento del principio potrebbe rassicurare quanti non vogliono, più o meno legittimamente, rinunciare alla possibilità teorica del veto, all'*extrema ratio*, per sbarrare la strada a una decisione percepita come lesiva del proprio interesse vitale. Proprio di diritto di veto discutemmo approfonditamente quel giorno con gli studenti a Natolin. Il legame con l'allargamento è evidente e non a caso emerse. Più in generale, quello del veto è forse uno dei temi più divisivi, non solo tra europeisti ed euroscettici, come si potrebbe pensare di primo acchito. Lo è anche nel campo degli europeisti. Molte volte mi sono trovato a discutere con chi teorizza che in fin dei conti non si tratta di un ostacolo così dirimente perché tanto, fatti alla mano, un veto raramente regge a lungo e ancora più raramente – praticamente mai – fa naufragare decisioni davvero capitali per l'esistenza dell'Unione Europea.

L'obiezione può anche essere plausibile, ma i problemi che tutto questo ingenera sono due. Primo, si sprecano tante energie per uscire dallo stallo. Troppe, decisamente. Energie che peraltro sarebbe più fruttuoso convogliare su altri obiettivi. Secondo, il fatto che nella cassetta degli attrezzi della negoziazione europea ci sia il diritto di veto, cioè l'arma atomica, finisce per condizionare pesantemente la condotta dei diversi attori del gioco diplomatico. Anche solo la minaccia di ricorrervi distorce la trattativa e mina alla base il prerequisito essenziale di qualsiasi trattativa, la fiducia tra le parti in causa. Senza fiducia e nello stallo decisionale l'Unione non può superare alcuna sfida. Pensiamo alla grande partita della sicurezza. Con gli studenti a Natolin abbiamo riflettuto anche di questo.

All'Europa post allargamento, oltre agli innegabili fattori di debolezza che abbiamo visto, non può non riconoscersi una straordinaria dimostrazione di resilienza a seguito dell'invasione russa dell'Ucraina. Se ripenso alle settimane precedenti quel drammatico 24 febbraio 2022 mi sorprendo ancora per il grado di miopia che in molti abbiamo dimostrato. Davamo per scontato che non sarebbe mai successo. Impossibile. Tacciavamo di paranoia o di antisovietismo di ritorno quanti, memori dell'esperienza del passato e forti di un punto di osservazione più lucido o più vicino a quelle dinamiche geopolitiche, lanciavano inascoltati l'allarme. Polacchi, estoni, lituani: ci avevano messo in guardia dall'aggressività di Putin e dal mai sopito imperialismo di stampo novecentesco che in lui alberga. Non gli abbiamo creduto. Avevano ragione loro. L'ho ammesso con il ministro delle Finanze ucraino, Serhiy Marchenko, con cui ho avuto il privilegio di interagire in questi mesi. Le conseguenze di quella sottovalutazione sono purtroppo sotto gli occhi di tutti, con un'unica nota positiva: un'Europa che, stavolta proprio grazie all'allargamento, si è risvegliata più resistente e in larga parte consapevole della necessità di attrezzarsi per reggere l'impatto di un simile ritorno dei grandi drammi della storia.

4. Sulla frontiera con la Russia, tra Helsinki e le capitali baltiche

Dopo la guerra di Putin contro l'Ucraina niente potrà mai più essere come prima. Per l'Europa è tempo di mettere finalmente in comune difesa e sicurezza.

Mai avrei immaginato di occuparmi tanto di difesa nel preparare un Rapporto sul futuro del Mercato Unico. Se ci sono due ambiti da sempre distinti, e in modo strutturale, nella vita europea, questi sono proprio il Mercato Unico e la difesa. Il primo è la quintessenza di tutto ciò che è comunitario; la seconda è il regno dell'intergovernativo. Chi, come me, si è formato agli studi europei negli anni Ottanta e Novanta, proprio intorno all'epoca della creazione del Mercato Unico e della messa a punto del Trattato di Maastricht, ha considerato sistematicamente queste due sfere, il comunitario e l'intergovernativo, come realtà profondamente diverse, universi del tutto disgiunti l'uno dall'altro.

La separazione era, del resto, codificata nella stessa architettura del Trattato di Maastricht: da una parte, il Mercato Unico, dominio del metodo comunitario e dell'assoluto protagonismo della Commissione e del voto a maggioranza; dall'altra, i due pilastri – l'intergovernativo e quello sulla Politica Estera e di Sicurezza Comune e sulla Cooperazione in materia di Affari Interni e di Giustizia – con il ruolo principale rivestito dagli Stati Membri e il voto all'unanimità come regola. Difficile, se non impossibile, ipotizzare allora punti di contatti tra le due sfere. Successivamente, nel 2007, arrivò il Trattato di Lisbona che formalmente superò la scomposizione tra comunitario e intergovernativo. Finalità senz'altro opportuna e più che condivisibile, ma ho sempre avuto dubbi sul fatto che quella previsione sulla carta fosse in grado di uscire dal dettato giuridico e farsi concreta realtà in termini di condotte, regole e obiettivi tra due mondi rimasti a lungo chiusi in diversi compartimenti stagni.

Poi il quadro ha iniziato a cambiare e, trent'anni dopo Maastricht, nel portare avanti il mandato di scrivere il Rapporto, realizzo di assistere al superamento – forse definitivo – di quella dicotomia. L'ho intuito sin dal principio di questo viaggio: già dalle prime visite nelle capitali degli Stati Membri, Helsinki e Stoccolma in particolare, la difesa ha monopolizzato molte delle conversazioni sul futuro del mercato unico. Per me è stato anche un bel salto indietro nel tempo, ai ricordi di quando, giovanissimo, avevo avuto l'enorme fortuna di lavorare con Nino Andreatta che su questi temi ha sempre mantenuto un faro acceso. Lavoro anzitutto presso l'Arel, l'Agenzia di Ricerca e Legislazione da lui fondata assieme ad Umberto Agnelli e ad altri negli anni Settanta, oggi presieduta da Francesco Merloni con autorevolezza e straordinario impegno. E poi lavoro fianco a fianco nei suoi incarichi istituzionali negli anni Novanta, da ministro degli Esteri nel Governo Ciampi e della Difesa nel primo Governo Prodi. Assolvendo ad entrambi questi incarichi, Andreatta si contraddistinse per la volontà di riempire di contenuti innovativi e dare applicazione al Pilastro di Maastricht sulla Politica Estera e di Sicurezza Comune.

Erano gli anni dell'esplosione dei Balcani e della drammatiche vicende della guerra nella ex Jugoslavia, un inferno che mise a durissima prova, proprio al suo esordio, quello stesso Secondo Pilastro di Maastricht di cui si parlò subito molto grazie al protagonismo a livello europeo del primo «ministro degli Esteri e della Sicurezza Comune europeo», Javier Solana, Alto Rappresentante del Consiglio e insieme Vicepresidente dell'esecutivo di Bruxelles, a partire dalla Commissione Prodi. La catastrofe nella ex Jugoslavia e l'impotenza dimostrata dalle istituzioni europee, sottolineata tante volte dagli appelli di Carl Bildt, uno dei principali negoziatori dell'epoca, funsero infatti da stimolo per giungere al Trattato di Amsterdam che istituì quella figura ibrida che è, appunto, l'Alto Rappresentante. Con una specie di «fusione personale» si tentò già allora, dunque, di uscire dal dualismo comunitario/intergovernativo in materia di proiezione esterna dell'Europa, creando così una sorta di ircocervo, per metà rappresentante degli Stati Membri (e quindi della loro ricerca continua dell'unanimità, schivando veti e contrapposizioni) e per l'altra metà rappresentante della Commissione (e quindi del metodo comunitario). Fu certamente un passo avanti.

Tuttavia, nonostante questi sviluppi e nonostante l'efficace «quadrante-bussola» gestito successivamente da Federica Mogherini quando nel 2014 assunse il ruolo di Alto Rappresentante, è stato solo negli ultimissimi anni che si è davvero consumata la svolta. Come spesso capita nella vita dell'integrazione europea sono stati eventi esterni che hanno impresso le più forti accelerazioni politiche e istituzionali. Interpretando con lungimiranza le trasformazioni dello scenario globale contemporanee alla loro elezione, Ursula von der Leyen e Josep Borrell da subito, appena assunta la guida rispettivamente della Commissione e della Politica Estera e di Sicurezza nel 2019, hanno iniziato a parlare di «Commissione geopolitica». E già questo, quantomeno sotto il profilo della narrazione, ha immesso un primo fattore di novità rilevante. Senza contare altri indizi apparentemente minori, come il fatto, non solo meramente simbolico, che a guidare la Commissione sia stata chiamata proprio von der Leyen, vale a dire l'ex ministra della Difesa di un grande Paese come la Germania. Dunque, un avvio di legislatura foriero di elementi di innovazione politica interessanti. Innovazione ulteriormente comprovata dalla nuova dottrina della Commissione geopolitica elaborata dallo stesso Borrel nella prima parte del quinquennio, con un forte impulso al cambiamento indotto dalla dura esperienza di confronto tra le due sponde dell'Atlantico dopo l'avvio dell'Amministrazione Trump.

Dal canto suo, anche il Parlamento Europeo negli stessi anni si ritagliava un ruolo di pungolo efficace in direzione di un inedito protagonismo dell'Europa dei diritti nell'ambito di ordine mondiale sempre più turbolento e frammentato. La straordinaria vicenda umana, politica e intellettuale incarnata dalla Presidenza di David Sassoli ci ha lasciato in eredità tante prese di posizioni coraggiose, accompagnate da una elaborazione valoriale estremamente matura e visionaria. Penso agli appelli affinché l'Europa si dotasse di un nuovo progetto di «speranza» in grado di «innovare, proteggere e illuminare» il percorso verso un'Unione che fosse definitivamente «modello di democrazia, libertà e prosperità che si diffonde, che attrae, che fa sognare non solo i nostri stessi concittadini europei, ma anche al di là delle nostre frontiere».

E penso, con rimpianto e orgoglio insieme, alla sua lucidissima lettura della minaccia rappresentata dalla Russia e alla decisione di conferire, nel suo ultimo intervento pubblico prima della malattia che lo ha poi privato della vita, il premio Sakarov ad Aleksei Navalny contro un regime, quello di Putin, «colpevole di reprimere le organizzazioni della società civile, di limitare la libertà, di mettere in prigione gli oppositori politici».

David Sassoli, a differenza di quasi tutti gli altri, aveva saputo presagire il pericolo e intuire quanto di lì a poco avrebbe rivoluzionato tutto. Perché l'invasione dell'Ucraina è stata davvero una cesura storica profondissima nella storia europea, ovviamente anche sotto il profilo della difesa. Gli eventi successivi a quel drammatico 24 febbraio 2022 hanno infatti impresso un'accelerazione senza precedenti alla comunitarizzazione delle politiche per la difesa. Molte delle innovazioni erano già in fase di incubazione, ma probabilmente avrebbero avuto bisogno di molto più tempo, forse di varie legislature, senza la folle aggressione di Putin e soprattutto senza la straordinaria resistenza del popolo ucraino. La visita in una Kiev sotto le bombe, il 1° aprile 2022, della Presidente del Parlamento Europeo Roberta Metsola, prima rappresentante delle istituzioni europee a recarsi in Ucraina dallo scoppio della guerra, diede un segnale simbolico fortissimo.

Quelle parole così forti di David mi tornano in mente prepotenti la prima volta che vado a Riga, Tallin e Vilnius dopo l'aggressione russa all'Ucraina.

Ho deciso, all'interno del Viaggio, di dedicare tempo e attenzione ai Paesi Baltici perché voglio capire bene cosa si può provare ad essere stati nell'Unione Sovietica, ad essere cresciuti studiando e parlando russo e trovarsi oggi ad essere al confine con la minaccia costante della Russia di Putin. Cosa vuol dire per i Paesi Baltici l'Europa, l'essere europei, l'avere l'euro, l'Erasmus e il cielo pattugliato dagli aerei italiani o francesi? Tutto questo ha un significato ben diverso da quello che ha per noi.

In Piazza della Libertà a Vilnius mi mostrano come se fosse la cosa più naturale e appropriata una statua dedicata alla Nato. Immacolata e intonsa. Scopro poi che è una scultura chiamata *I tre soldati*, inaugurata nel 2004 per commemorare l'adesione della Lituania alla NATO. Penso a che cosa succederebbe da noi o in altri Paesi della vecchia Europa se quella stessa statua fosse in una delle nostre piazze principali.

Sempre a Vilnius vedo il vecchio palazzo del KGB, l'obbiettivo principale è smantellarlo e sostituirlo. La determinazione a difendere a ogni costo la libertà raggiunta nel 1991 che vedo in tutti gli incontri che ho supera qualsiasi altro tema di discussione. Certo, a Tallin mi confronto lungamente su come migliorare e digitalizzare la Pubblica Amministrazione europea e a Riga ragioniamo di competitività delle PMI. In tutte e tre le capitali, città piene di fascino, di storia e cariche di interesse, affronto tante questioni rilevanti del Mercato Interno. Ma mi rendo conto che anche qui su tutto prevale, come in nessun altro Paese tra i 27, la questione della sicurezza e la minaccia russa.

Ascoltando la storia di tutti coloro che incontro, riscopro le loro vite «divise in due», mi confronto con un passato recente che noi – al di qua della cortina di ferro – abbiamo forse rimosso troppo in fretta: la loro infanzia, e in qualche caso anche la giovinezza, l'hanno trascorsa in un altro mondo che parlava russo. Poi l'ingresso dei loro Paesi nell'Unione Europea con i suoi valori di libertà e le sue opportunità.

Capisco che la frase «morire per la libertà del proprio Paese» è lì declinata in modo diverso da come accade nel resto d'Europa.

E infine imparo a smetterla di considerarli Paesi Baltici, come fossero un tutt'uno. Lo sapevo ma lo capisco ancora meglio e mi impongo di non sbagliare più. Ognuno di questi tre Paesi ha la sua storia e la sua tradizione. Ognuno merita una attenzione particolare. E l'interazione non deve essere collettiva ma individuale, nonostante le dimensioni di questi tre Stati siano ridotte e la loro popolazione costituisca una piccola percentuale di quella europea. La vera forza dell'Unione è proprio nel rispetto delle diversità e nel rendere ricchezza questa stessa diversità. E la storia e le caratteristiche di Estonia, Lettonia e Lituania sono lì a dirci che è davvero così. Il rapporto dell'Estonia con gli altri paesi della Scandinavia non è paragonabile a quello degli altri due. E lo stesso deve dirsi per la relazione speciale che lega Polonia e Lituania. Così come sarebbe un errore dimenticare la presenza di una importante minoranza russofona in Lettonia. Sono tanti gli elementi che rendono ognuno di loro affascinante per quello che è e non per il fatto di avere condiviso un destino così particolare nel Novecento, fino a quella mattina del 1° maggio 2004 in cui, dopo un percorso così drammaticamente lungo e tortuoso, sono diventati, insieme, parte dell'UE a tutti gli effetti.

Mi tornano in mente, non so perché in bianco e nero, le immagini della mia prima visita a Vilnius. Sotto la neve, un lungo viaggio in cuccetta sul notturno Mosca-Vilnius, anno 1988. Il Komsomol, la gioventù comunista sovietica, aveva invitato una delegazione di ragazzi cristiano-democratici europei, della quale accettai di far parte con grande entusiasmo. L'idea di essere sul posto e vivere in prima persona quel che stava succedendo in URSS era troppo stimolante per farsela sfuggire. Spostai di una sessione l'esame di diritto internazionale. Se non lo facevo per un'occasione simile, quando mai potevo farlo? La settimana tra Mosca e Vilnius, pochi mesi prima della caduta del Muro e della fine dell'URSS, fu in effetti un'esperienza formidabile di cui, a distanza di tanti anni, non ho dimenticato nulla. Osservai da dentro la trasformazione del sistema sovietico sotto la spinta delle riforme della *perestroika* di Gorbaciov. «Non tiene più nulla, viene giù tutto», era la percezione nettissima. Ricordo a Mosca il sorriso sornione di Demetrio Volcic, mitico corrispondente della RAI, che per farci capire bene come andavano davvero le cose ci fece uscire dalla porta sul retro del suo ufficio. Non voleva che i nostri accompagnatori ci seguissero e magari dissuadessero. Ci condusse in un immenso e caotico mercato all'aperto dove migliaia di persone si scambiavano jeans, dollari, musicassette. L'Occidente entrava così oltre la Cortina di ferro, tra i banchetti, improvvisati su vecchie assi di legno, di un piccolo slargo moscovita. Quando tornammo a Vilnius facemmo l'incontro più emozionante, quello con il cardinale Vincentas Sladkevičius, figura leggendaria di una Lituania che aveva sofferto e ancora soffriva le asperità del regime sovietico. Aveva trascorso venticinque anni agli arresti domiciliari e solo con l'arrivo di Giovanni Paolo II trovò supporto, con la nomina, proprio in quell'anno 1988, a Cardinale. Ho ancora ben impressi nella mente la sua voce fioca, le sue parole, la sua speranza in quel che sarebbe potuto accadere. La speranza della libertà e dell'indipendenza. Ripenso ai suoi occhi lucidi e alla voce tremante mentre guardo la Cattedrale di Vilnius con il sole che scalda questa giornata di primavera del mio viaggio per il Rapporto. La Cattedrale è aperta e piena di gente. La Lituania è libera e indipendente. La Lituania è Europea.

È vero che non tutta l'UE confina con la Russia e che ci sono diversi gli approcci geopolitici alle questioni più delicate che coesistono nelle riunioni europee. Una complessità di cui tenere sempre conto: quando ce la prendiamo con le divisioni dell'Europa e la difficoltà a trovare in fretta posizioni unitarie non è altro che il riflesso di queste diversità di punti di osservazione e di interesse. Ma, con le tensioni geopolitiche che crescono attorno a noi, la ricerca della convergenza su posizioni politiche in cui tutti i Paesi e i cittadini europei possono riconoscersi va sempre privilegiata e perseguita. È quello che provo a dire ai miei interlocutori nel Viaggio, in tutti i contesti in cui devo parlare soprattutto di sicurezza, da Tallin ad Atene. Meglio una posizione europea unitaria che non collima al cento per cento con la posizione di partenza della politica estera del mio Paese piuttosto che 27 posizioni diverse, ognuna perfettamente coerente con le 27 diverse storie pregresse, ma completamente ininfluenti nel contesto mondiale.

Ma tornando alle conseguenze di quel fatidico 24 febbraio per una volta prima ancora che i simboli sono arrivati i fatti. Dopo cinque ore di riunione del Consiglio Europeo, domenica 28 febbraio 2022, a pochissimi giorni dall'invasione, i leader UE hanno fatto passi in avanti significativi verso l'Unione della Difesa. I capi di Stato e di governo decidono di rispondere immediatamente a Putin, mobilitando lo «Strumento europeo per la pace» e utilizzandolo per finanziare la fornitura di materiale ed equipaggiamento all'esercito ucraino. È la prima volta nella storia che l'UE fornisce attrezzature belliche a un Paese terzo. Una prima tranche di 500 milioni di euro per difendere la sovranità e l'integrità territoriale dell'Ucraina e proteggere la popolazione civile, cui seguiranno negli anni importi supplementari a sostegno delle forze armate di Kiev, per un importo totale che oggi supera i 10 miliardi. I successivi sviluppi hanno confermato la svolta. Penso all'adozione, il 21 marzo seguente, della nuova «bussola strategica» europea, che fornisce un piano d'azione per rafforzare la politica estera e di difesa dell'UE entro il 2030; penso all'accordo politico, raggiunto il 1° dicembre, sulla promozione degli appalti comuni per l'industria della difesa europea, poi confluito nell'adozione di un Regolamento, il 9 ottobre 2023, sugli appalti comuni (EDIRPA) e la necessità di lavorare per rafforzare la base tecnologica e industriale del settore; penso ai passi avanti fatti, nello stesso biennio, in materia di contributo della cosiddetta «dimensione civile» della politica di sicurezza e di difesa comune (PSDC) alla pace e alla stabilità internazionale. A questi si aggiunge la prima Strategia Industriale Europea della Difesa (EDIS), presentata a marzo 2024, un passo avanti significativo che si pone l'obiettivo di meglio organizzare e strutturare le innovazioni degli ultimi anni verso lo sviluppo di un'autentica industria europea della difesa.

Oggi si tratta di strutturare tutte queste decisioni e di definire un quadro istituzionale che sia in grado di dare all'Unione Europea quella capacità di difesa unica che essa non ha mai avuto. Questo è fondamentale per dotare l'UE degli strumenti necessari a garantire la pace e il rispetto dei nostri valori fondamentali. Per questo il completamento del Mercato Unico dell'industria della difesa è un obiettivo strategico vitale. Obiettivo su cui peraltro ho avuto modo di rimarcare una convergenza ormai bipartisan, trovando adesione e un proficuo confronto su questo punto tanto nell'incontro con Giorgia Meloni quanto in quello con Emmanuel Macron. Ora la sfida è rendere concrete queste ambizioni. Con le scelte assunte dal commissario per il mercato interno e i servizi, Thierry Breton, si sono costruite le basi per un'Europa in grado di essere autosufficiente dal punto di vista della sicurezza. Senza naturalmente che questo porti a una frattura o a un allentamento del legame con gli Stati Uniti, che rimangono l'alleato insostituibile nella NATO, ma con la consapevolezza che l'autonomia dell'Europa, in un mondo in guerra, è una necessità che ormai è diventata semplicemente vitale per la nostra sopravvivenza.

5. A Bilbao e ad Ancona le idee per semplificare la vita alle PMI

Districarsi tra 27 ordinamenti diversi è un percorso a ostacoli per le nostre PMI. Per semplificare e innovare serve un 28° ordinamento tutto europeo.

Il dato mi colpisce. Ne dibattiamo a Bilbao con le associazioni di categoria che rappresentano milioni di aziende di taglia più o meno ridotta. Solo il 17% delle Piccole e Medie Imprese europee del settore manifatturiero esporta oppure opera in altri Paesi UE. E poiché le PMI sono l'ossatura del sistema economico europeo è difficile non proiettare questa evidenza nella cornice più generale delle difficoltà che la nostra economia oggi sperimenta.

Il primo pensiero va alla complessità del quadro normativo e fiscale europeo. Non è colpa dell'Europa, lo dico subito. Me lo confermano tutte le associazioni di categoria che incontro, da SMEs United in Europa a Confartigianato e CNA in Italia. La prima responsabilità è degli Stati Membri che non hanno voluto rinunciare al proprio assetto normativo e fiscale nazionale. Anche per questo oggi il Mercato Unico è un macchinoso puzzle composto da 27 tasselli diversi. Così, per una PMI lavorare in Europa vuol dire attrezzarsi a far incastrare i pezzi di questo puzzle e cambiare continuamente sistema normativo e fiscale. Più la dimensione è piccola, più aumentano le difficoltà.

Diverso è evidentemente il caso di una grande impresa e di una multinazionale che, per districarsi tra le diverse normative nazionali, possono contare su imponenti uffici legali interni o su esperti fiscali di rango. Di fronte alle piccole e medie imprese, invece, il puzzle si fa labirinto. Un labirinto nel quale alla fine la stragrande maggioranza di esse sceglie di non entrare. Con la conseguenza di perdere il potenziale enorme beneficio del mercato unico. E non si tratta solo di non cogliere un vantaggio. Si tratta, anche e soprattutto, di subire sul proprio territorio uno svantaggio, vale a dire la moltiplicazione della concorrenza che arriva dall'esterno.

Per sciogliere questo rompicapo non è verosimile neppure immaginare la cancellazione dei diversi sistemi nazionali di diritto delle imprese o imporre agli Stati Membri il passaggio a un sistema di tassazione europea cassando quelli domestici. Parliamo dopotutto di secoli di stratificazioni normative, di lunghe e consolidate tradizioni nazionali o anche sub nazionali.

Dal punto di vista dell'efficienza del Mercato Unico non v'è dubbio che l'avvento di sistemi unici rappresenterebbe un enorme passo avanti imprimendo una spinta competitiva importante. Soprattutto, per le PMI si dischiuderebbero spazi inediti per sfruttare davvero la forza del mercato interno. Senza il freno della burocrazia stratificata gli effetti in termini di efficienza e capacità di profittare pienamente delle economie di scala sarebbero innegabili.

Concentrandoci invece sull'immediato, cosa si può fare per trovare una soluzione sostenibile? Una risposta creativa, e a mio avviso valida, può rintracciarsi nel ricorso al cosiddetto «28° ordinamento». L'idea è quella di costruire, appunto, un nuovo regime giuridico davvero europeo, che non sostituisca i 27 nazionali, ma si presenti come un'opzione in più. Le imprese potranno così scegliere se mantenere il proprio regime nazionale o se adottare questo 28° ordinamento valido in tutta l'Unione Europea.

La costruzione di questo 28° ordinamento passa allora dalla stesura di un codice europeo degli affari. È una soluzione che risponde alla richiesta più diffusa e accorata: la semplicità. Se infatti il sistema europeo sta ormai diventando, nella percezione comune, un gigante appesantito da complicazioni burocratiche e da un carico di produzione giuridica decisamente eccessivo, non si può non lavorare in direzione di soluzioni che immettano elementi di semplicità, accessibilità, risparmio di tempo. Il digitale viene ovviamente incontro a molte di queste esigenze, ma in parte, lo ripeto, il problema è proprio legato alla moltiplicazione dei livelli di normazione e di produzione di atti amministrativi.

Non a caso, tutte le rilevazioni dell'opinione dei cittadini e delle imprese europee fotografano la complessità burocratica come il più grande ostacolo del Mercato Unico. Affrontare con determinazione questa criticità è oggettivamente interesse primario dell'Unione. Anche perché oggi è più facile di ieri cambiare sistema e andare ad operare in altri Paesi. Il business e i capitali, in particolare, sono rapidissimi nel subodorare i vantaggi e nello spostarsi selettivamente, prediligendo quelle realtà del mondo che, speculando sui limiti europei, si pongono come alternative più attrattive e convenienti. Se l'Unione non è in grado di innovarsi e diventare più semplice, corre dunque un rischio mortale: continuare a perdere attrattività, accettare l'emorragia di imprese europee pronte a delocalizzare, chiudere le porte ai molti che potrebbero venire a investire in Europa, ma che evitano di farlo per i problemi suddetti. Proprio di questo discuto in un bell'incontro con Valerio De Molli e gli esperti di The European House Ambrosetti a Bruxelles.

Per costruire un 28° ordinamento giuridico c'è bisogno che questo diventi un obiettivo primario del prossimo mandato della Commissione e che si elabori prontamente una proposta con il concorso dei migliori giuristi e a partire da un dialogo maturo con tutte le parti sociali. Non occorre partire da zero: numerose realtà, a partire dall'Association Henri Capitant in Francia, lavorano da anni su questa proposta e hanno presentato documenti già avanzati e molto strutturati. Chi è sul terreno e conosce il problema non può non essere coinvolto attivamente nell'elaborazione della soluzione.

La proposta dovrebbe poi essere adottata il più rapidamente possibile e diventare l'opzione di quadro giuridico da offrire alle imprese, grandi e piccole. Ricapitolando, una risposta mirata, relativamente facile da far accettare politicamente agli Stati Membri, in grado di cogliere tutte le straordinarie occasioni che il mercato interno offre all'economia reale europea, smettendo di continuare, ancora e ancora, a scialacquarne le potenzialità.

6. Tra Vicenza e Anversa sul destino del manufatturiero

Il rischio deindustrializzazione è concreto ma evitabile. Ripartiamo da una politica industriale comune per non dissipare il primato europeo nella manifattura.

La provincia di Vicenza avrà il 20% degli occupati in meno nei prossimi quindici anni. Quasi 80 mila persone. Una specie di collasso annunciato. Sono nell'ufficio di Giacomo Possamai, il bravo e giovane sindaco della città eletto nel 2023, insieme ai segretari territoriali di Cgil-Cisl-Uil Giampaolo Zanni, Raffaele Consiglio e Carola Paggin; subito dopo vedo gli imprenditori guidati dalla Presidente di Confindustria Vicenza, Laura Dalla Vecchia. Discutiamo e ci confrontiamo a lungo sulle prospettive economiche di un territorio divenuto simbolo dell'industria italiana. Il quadro è preoccupante da tanti punti di vista, ma quello sul *labour shortage* è il più impressionante.

Non si tratta infatti, come in altri campi, di tendenze contingenti, che si affacciano per un tempo determinato salvo poi affievolirsi per chissà quali cambiamenti esterni. In questo caso, come sempre quando di mezzo c'è la demografia, siamo di fronte a dati certi, previsioni inoppugnabili che per essere cambiate hanno bisogno di decisioni capaci di visione storica, supportate da lungimiranza e soprattutto continuità.

Decisioni difficili, soprattutto in tempi in cui la politica opera prevalentemente con l'occhio attento solo al prossimo sondaggio, nemmeno più alle prossime elezioni. E difficili anche perché la dimensione europea, che sempre è riuscita a fare da contraltare al cortotermismo della nostra politica nazionale, anch'esso sembra avvitarsi in una involuzione politica di cui si fa fatica a prevedere le ripercussioni future. Troppi annunci, eccesso di comunicazione, sovrapposizione di piani, competizione tra istituzioni. E scarsa collaborazione tra livelli nazionale ed europeo. Se anche da Bruxelles i messaggi che arrivano sono estremamente polarizzanti e tutti proiettati alla ricerca del consenso immediato le prospettive rischiano di farsi cupe.

La necessità di un rilancio della vocazione industriale europea bene descrive quanto strategico sia concentrarsi anche su queste dinamiche. In primo luogo, perché si tratta di un ambito in cui la cooperazione tra Europa e Stati Membri è semplicemente indispensabile. E negli ultimi anni segnali incoraggianti ci sono effettivamente stati, nonostante tutto.

Ne sono diretto testimone. Una delle principali evidenze positive di questo viaggio in Europa è stata infatti la percezione di quanto il rilancio della vocazione industriale europea sia avvertito come una necessità condivisa e ormai auspicato ovunque e a tutti i livelli. Merito sicuramente di un Commissario come Thierry Breton che ha profondamente spinto in quella direzione e merito di un lavoro congiunto che altri commissari, insieme a lui, hanno portato avanti; penso innanzitutto a Paolo Gentiloni e Nicolas Schmit.

Nel corso del viaggio è ad Anversa, accanto alla frontiera tra Belgio e Olanda, non lontano da Rotterdam e all'interno di una vasta zona industriale e portuale, che percepisco con grandissima forza il senso di urgenza di un cambio di passo, anzi di veri e propri sogni di svolta. Prendono la parola i capi azienda di molte grandi imprese europee, si confrontano con i sindacati e i rappresentanti delle PMI.

Con la Presidente della Commissione von der Leyen e il Primo Ministro belga De Croo, Presidente di turno del Consiglio dell'Unione Europea, ascoltiamo una lunga lista di criticità. Che ci sia un'emergenza, che il sistema industriale europeo sia nel pieno di un guado da cui è urgente uscire è chiaro a tutti.

La perdita di competitività va avanti da tempo senza soluzione di continuità e pochi, troppo pochi, sono gli indizi di una possibile inversione. Il mondo del lavoro è in ebollizione. Alle preoccupazioni per la deindustrializzazione si uniscono quelle legate alla precarizzazione dei legami contrattuali e alla concorrenza sleale che viene da fuori, sempre più incombente e difficile da gestire e regolare. Il problema del *labour shortage*, esattamente come a Vicenza, sta erodendo il nostro paradigma produttivo. È come se, tutti insieme, stiano ora venendo al pettine i nodi di decenni di non decisioni su tre fenomeni epocali: il crollo delle nascite, l'invecchiamento della popolazione, la mancanza di una strategia comune sull'immigrazione in grado anche di attirare lavoratori qualificati. Tre linee di faglia lungo le quali l'economia europea sembra sempre più sospesa. A Vicenza come ad Anversa il rischio, reale o anche solo percepito, non cambia di molto.

Anche per questo ho voluto fortemente caratterizzare il Rapporto sull'emergenza deindustrializzazione. Un modo per dire: allarme rosso, bisogna agire subito – già dai prossimi mesi – per invertire una tendenza che rischia di pesare per sempre sul futuro del nostro continente. Soprattutto ho inteso mettere insieme le riflessioni di ambiti diversi che concorrono a rendere il problema esplosivo. Quando mi riferisco ad ambiti diversi penso all'impatto che ha sulla scarsa competitività del nostro sistema industriale l'indebolimento dei mercati finanziari europei di cui parlo ampiamente nel capitolo dedicato. Penso alla questione tecnologica e digitale, ai ritardi che stiamo vivendo su tanti fenomeni chiave per il futuro, a partire dall'intelligenza artificiale. Penso alla concorrenza sleale che viene da fuori spesso incentivata da sistemi autoritari che offrono condizioni imbattibili alle imprese. Penso, infine e soprattutto, alla mancanza di coesione e alle disuguaglianze crescenti – geografiche, sociali e generazionali – che tutto questo ingenera e che, in assenza di una strategia audace, erode il benessere delle nostre comunità mettendo a rischio, colpo dopo colpo, la qualità della democrazia europea.

7. Come ci vedono da Washington o Johannesburg

«Per capire l'Europa bisogna partire dal mondo». Aveva ragione Delors. Se vogliamo restare in prima fila dobbiamo essere attori globali e per farlo dobbiamo essere insieme.

«Per capire l'Europa bisogna partire dal mondo». Aveva ragione Delors. Me ne rendo conto perfettamente quando discuto di UE e Mercato Unico con gli studenti dell'Università di Georgetown, a Washington DC, o con la comunità economica a Johannesburg. Persone da ogni angolo del mondo, molti europei.

Mi colpisce il ragionamento piano e senza fronzoli che mi fa un giovane indiano riferendosi ai rapporti commerciali tra il suo Paese e l'Unione Europea. Suona più o meno così: da quando avete creato il Mercato Unico vi sedete al tavolo dei negoziati commerciali con noi e ci dite sostanzialmente «prendere o lasciare».

Quanto ci vorrà perché vi rendiate conto che i rapporti si sono ormai invertiti e che forse saremo noi fra un po' a dirvi che se volete buoni rapporti dovete farlo rispettando un po' di più le nostre esigenze e le condizioni che noi poniamo? La questione è questa e temo non faccia una piega. Così, quando constato quanti freni stiano mettendo i vari Stati Membri dell'UE all'apertura di nuovi negoziati, e soprattutto alla chiusura di accordi con aree importanti del mondo, a partire dal Mercosur e dall'Australia, penso che il problema stia diventando serio.

C'è una tendenza alla chiusura diffusa, quasi un riflesso istintivo. Una lettura estremamente acuta me l'ha offerta Pascal Lamy, che oggi coordina tra le altre cose la rete di ricercatori dell'Istituto Jacques Delors tra Parigi, Berlino e Bruxelles. Oggi i rischi di chiusura non arrivano solo dal protezionismo classico, ma anche da forme più dissimulate, da inviti alla prudenza che nascondono in realtà una visione ben diversa delle relazioni internazionali. È il risultato del corto circuito tra breve termine e lungo termine. È il frutto di una evidente incapacità o mancanza di volontà di guardare ai cambiamenti in corso a livello mondiale. Eppure, numerosi sono i segnali e le tendenze che ci mettono di fronte all'evidenza di un rimpicciolimento della taglia europea e di una marginalizzazione dei nostri Paesi presi singolarmente.

Per questo non possiamo più indugiare: l'urgenza è integrarci in un'entità europea sempre più unitaria. È come se il tempo aumentasse, anno dopo anno, l'inclinazione del nostro declino. A ogni intervallo più o meno regolare si scende di un gradino. Che sia il distacco della Gran Bretagna con la sciagurata decisione della Brexit o la previsione del sorpasso di abitanti nel giro di pochi anni della sola Nigeria nei confronti dell'intera Unione Europea, che sia l'avvento dell'India o l'allargamento dei BRICS, tutto ci dice la stessa cosa. Tutto spinge a metterci di fronte l'evidenza che anche per i grandi Paesi europei, quelli che si erano divisi il mondo fino a soli sessant'anni fa, o si va verso un'Unione più stretta e si riesce quindi a stare al livello delle altre grandi potenze continentali oppure si accettano la marginalizzazione, la serie B, i posti in galleria.

Se vogliamo restare in prima fila dobbiamo essere attori globali. Per farlo dobbiamo essere insieme, singolarmente non reggiamo la competizione globale, è perfino elementare come logica. E qui si pone ancora una volta la questione dell'unità del Mercato Unico. È suggestiva e ficcante la frase di Michel Barnier, il negoziatore in capo dell'UE per la Brexit che fu anche efficace Commissario al Mercato Unico nella Commissione di Romano Prodi e in quella di Barroso. Può sembrare una provocazione, ma è profondamente vero dire che Xi Jinping, Modi e Trump alla fine si siedono al tavolo con i capi delle istituzioni europee, con la Presidente della Commissione von der Leyen o con il Presidente del Consiglio Michel perché esiste il Mercato Unico, perché c'è quella straordinaria e compatta unione economica, commerciale e sociale dietro a loro e ai loro predecessori, a Juncker, a Barroso, a Prodi, a Santer, a Tusk o a Van Rompuy. E quella Unione è talmente forte e influente da far scrivere ad Anu Bradford un libro di successo che impone il concetto di «effetto Bruxelles» a livello globale.

Con questo concetto si definisce la capacità di influenza che l'Unione Europea gioca ancora sul palcoscenico mondiale nonostante le crisi epocali che negli ultimi vent'anni ne hanno messo in discussione la leadership. Capacità quindi di giocare un ruolo autorevole e di «trascinamento» negli ambiti più importanti, dalla sostenibilità ambientale alla regolamentazione della privacy, dalla tutela dei consumatori all'innalzamento degli standard nel commercio globale, a partire dai diritti dei lavoratori.

Un primato difficilmente opinabile che può e deve spingere, perfino in termini di spinta motivazionale, a risolvere gli altri problemi strutturali lasciati troppo a lungo sospesi. Fuori dall'Europa ci rispettano per decisioni assunte con coraggio trent'anni fa e perché siamo riusciti, con gli allargamenti successivi, a raddoppiare la dimensione europea. Il prossimo allargamento dovremo farlo in fondo anche per questo, per estendere con nuovi ingressi l'influenza dell'Europa e dei suoi valori e compensare il tracollo demografico e il calo di peso relativo di cui abbiamo parlato.

La verità è che la ricerca di una spinta per un cambiamento spesso si scontra con ostacoli che poco o pochissimo hanno a che fare con la convenienza collettiva o anche solo con una logica semplice, di buon senso. Negli otto mesi del mio viaggio in Europa, passando da Helsinki a Bilbao, da Bratislava a Zagabria, mi ha accompagnato sempre una domanda, inquietante. Ho ascoltato mille distinguo e tante posizioni nazionali o direttamente nazionalistiche. Ho osservato cento volte prendersela col vicino additando la polvere nel suo occhio e sorvolando sulla trave nel proprio. Ho partecipato a dibattiti in cui ho dovuto difendere la dimensione europea contro sfacciati tentativi di farne il capro espiatorio di qualunque mancanza nazionale o locale. E nonostante tutto questo ho visto, ovunque, gli enormi ed evidenti effetti benefici dell'Unione tra noi europei.

Eppure, non riesco a togliermi dalla testa la domanda che mi ha accompagnato in ogni tappa, in ogni incontro. «Ma se dovessimo oggi partire da zero riusciremmo a trovare le motivazioni e le intese per unirci nel Mercato Unico come in effetti grazie alle decisioni di trent'anni fa siamo riusciti a fare?». Esplicitamente me l'hanno rivolta, praticamente identica, due volte in occasioni molto diverse: la prima a Praga, nell'incontro alla Charles University; la seconda al seminario organizzato da La Vanguardia e Foment del Treball a Barcellona.

Che cosa ho risposto allora e mi rispondo anche ora? Sono incerto nel trovare le parole giuste. Mi pongo sempre il problema se far prevalere la positività e l'ottimismo quando parlo di Europa oppure se essere duro quando è necessario esserlo, anche a costo di alimentare il pessimismo. Su questa domanda alla fine però preferisco andare giù piatto. Non credo che oggi saremmo in grado di fare quello che fecero Delors e la sua generazione. Potremmo inventarlo ed elaborarlo ma non credo che ci sarebbero le condizioni per superare tutti gli ostacoli che allora Delors, Kohl, Mitterrand, Andreotti, Craxi, González riuscirono a superare. È vero, l'UE ha realizzato progetti straordinari in questi anni e Next Generation EU è sicuramente il principale e il più rivoluzionario. Tuttavia, fare un grande piano di investimenti comuni e riuscire a finanziarlo con il debito comune ad oggi mi sembra un obiettivo difficilmente perseguibile in assenza di una scossa esterna di gravità pari a quelle vissute con la pandemia e la guerra. Nel dubbio, e lavorando il più possibile per una Europa migliore, possiamo e dobbiamo però intervenire subito con correttivi ambiziosi e perfino risolutivi. Una riforma mirata e ben calibrata del Mercato Unico rappresenta in questo senso una conquista possibile e importante per il nostro futuro, oltreché il senso del Rapporto che ho avuto il mandato e il privilegio di redigere.

8. A Bratislava gli spunti per il Freedom to stay

«Non c'è fruttuosa libertà di movimento senza convergenza», affermava Delors. Servono coesione e riduzione delle disparità. Freedom to stay e Freedom to move sono due facce della stessa medaglia.

A Bratislava ha sede una delle più recenti e strategiche Autorità europee, la European Labour Authority. Con la sua istituzione si è tentato di dare una risposta al grande conflitto, generatosi circa una decina di anni fa, attorno alla prima Direttiva UE sui lavoratori distaccati e alle pesanti polemiche che ne scaturirono in alcuni Paesi, Francia e Belgio in testa.

Il fenomeno del *dumping* sociale, alimentato da quella stessa Direttiva, fece molto discutere di mobilità del lavoro all'interno del Mercato Unico. All'origine di tutto, incredibilmente, un banale quanto fortunato slogan elettorale, quello sull'«idraulico polacco», che in Francia infiammò la campagna referendaria sul Trattato Costituzionale Europeo del 2005. Fu un dibattito dominato dalla paura che lavoratori meno pagati provenienti dai nuovi Paesi dell'Europa Centrale e Orientale potessero rubare il lavoro agli europei «a casa loro».

Al di là delle speculazioni elettorali, la mobilità dei lavoratori costituisce, in effetti e da sempre, uno dei principali obiettivi del Mercato Unico. È, come noto, una delle quattro libertà e ha subito una forte accelerazione proprio con il grande allargamento del 2004/2007. Il divario tra le diverse regioni era tale che si determinò un imponente spostamento di lavoratori da Est a Ovest. Per fronteggiare il problema si arrivò a quella Direttiva sui lavoratori distaccati. Un intervento che, anziché regolare il fenomeno, finì per esasperarne gli elementi di complessità. Così l'idraulico polacco divenne emblema, quasi il *testimonial*, di un problema politico esplosivo. Anche oggi, nel colloquio coi dirigenti della European Labour Authority a Bratislava, emerge quanto complicato sia gestire i flussi dei lavoratori all'interno di aree così profondamente disomogenee quali sono quelle che convivono in Europa dopo l'allargamento.

Si tratta di una questione di cui ho naturalmente parlato anche con il governo slovacco. Non vedevo il primo ministro Robert Fico da dieci anni. Era un giovane e timido capo di governo dell'unico Paese dei quattro di Visegrad che aveva scelto di stare nell'euro, a differenza di Polonia, Ungheria e Repubblica Ceca. Raramente prendeva la parola nel Consiglio Europeo. E quando lo faceva era per limitarsi a dire che era d'accordo oppure che non lo era.

Il Fico che incontro in una soleggiata mattina di marzo è un'altra persona. E mai avrei pensato di vedere, due mesi dopo, le immagini tragiche in cui viene trascinato dalla sua scorta, steso in barella e portato su un elicottero mentre lotta tra la vita e la morte dopo l'attentato del 15 maggio 2024. A marzo mi ha accolto con i suoi ministri e collaboratori nel Palazzo del governo nel centro di Bratislava, a pochi metri dal Palazzo presidenziale, i due principali luoghi del potere, spesso in lite tra loro.

Ripenso a ogni parola, a ogni impressione di quell'incontro mentre il 15 maggio a Bruxelles, nel Municipio dove stiamo per celebrare la memoria di Jacques Delors con Étienne Davignon e Martine Aubry, veniamo informati dell'attentato.

Quella mattina di marzo a Bratislava non avevo avuto l'impressione di particolari misure di sicurezza. Anzi, mi colpì proprio l'opposto. Mi ricordo che entrammo nel Palazzo del governo con molti meno passaggi di sicurezza rispetto a quelli sperimentati in tante altre capitali europee.

Grande attenzione Fico la rivolse proprio al tema della mobilità delle persone e a quel drammatico fenomeno di *brain drain* e di vero e proprio esodo (una sorta di spoliazione) che caratterizza la Slovacchia così come altre aree dell'Europa dell'Est e dell'Europa del Sud.

Ragionammo a lungo di riforme della politica di coesione e di intervento per assicurare servizi di interesse generale diffusi. Ma affrontammo anche a viso aperto e senza reticenze le differenze profonde tra noi attorno, ad esempio, alla questione ucraina, al rapporto con la Russia o ai temi dello stato di diritto.

In generale ricordo di aver pensato che dieci anni dopo avevo incontrato un'altra persona, molto meno timida e molto più determinata. Parlò a lungo quella mattina. Parlò molto più di me. L'opposto di dieci anni fa, mi chiedo quale percorso lo abbia portato lì.

Tornando alla mobilità dei lavoratori e alle preoccupazioni ad essa connesse, mi torna in mente un dialogo avuto con Delors quando andai a trovarlo a casa per l'ultima volta prima della sua scomparsa. Avevo appena ricevuto la richiesta dai governi belga e spagnolo di scrivere il Rapporto e volevo dargli la notizia e ovviamente chiedergli consiglio.

Dargli la notizia, prima di tutto, perché l'incarico era principalmente in suo onore e mi era stato affidato in quanto Presidente dell'Istituto da lui fondato. Impossibile, anche per una personalità schiva come la sua, dissimulare la soddisfazione e l'orgoglio per il riconoscimento tributatogli come fondatore del Mercato Unico e, quindi, dell'Europa della modernità. Tuttavia, mise subito da parte il compiacimento per entrare nel merito e darmi consigli utili a evitare errori. Il primo di questi fu ricordarmi che il Mercato Unico fu un successo perché, accanto ad esso, venne lanciata la politica di coesione al fine di bilanciare l'allargamento dell'epoca, quello a Spagna e Portogallo. «Non c'è fruttuosa libertà di movimento senza convergenza»: una sentenza, praticamente.

Me la sono portata dietro da quel momento, ben sistemata nello zainetto con cui ho affrontato il mio lungo e affascinante viaggio in Europa. Aveva ragione. Aveva ragione sul passato, se si analizzano sia il ruolo fondamentale che hanno avuto poi le politiche di coesione, sia gli sconvolgimenti determinati successivamente dalla prima versione della Direttiva sui lavoratori distaccati. E aveva ragione anche sul futuro. Ne ho avuto conferma confrontandomi con i 27 ministri responsabili della politica di coesione in un incontro tenuto a Mons e presieduto dal Presidente della Wallonia Elio Rupo, in cui ho avuto modo di discuterere a lungo di questi temi anche con i ministri Raffaele Fitto, Jean Noël Barrot e Fernando Sampedro.

Non so dire, infatti, quante volte la questione del ripensamento e del rilancio della politica di coesione sia emersa nelle visite che ho compiuto nei mesi di preparazione del Rapporto. Né posso raccontare con quale intensità io ne abbia discusso con i tanti che guardano con dubbi crescenti all'adesione di altri Paesi, nel timore che i nuovi entranti finiscano per assorbire tutti i soldi della politica di coesione. Assai spesso ne ho parlato con la brava e tenace Commissaria Elisa Ferreira e con i suoi esperti per capire come restituire attenzione a una questione che, complici le contestuali altre crisi di scenario, sconta un deficit di visibilità nei grandi dibattiti sullo stato dell'Europa.

Questa perdita di centralità si spiega anche col fatto che alcuni Stati Membri non considerano più la politica di coesione uno strumento vitale per gli equilibri dell'Unione. La mia impressione è che sia una specie di danno collaterale di Next Generation Eu. È come se il grande piano di investimenti post Covid, finanziato con forme inedite di debito comune, abbia spedito in secondo piano i fondi strutturali, relegandoli a una funzione accessoria, quasi un corollario.

Quali che siano le cause di questa tendenza a sminuirne il ruolo, sulle politiche di coesione e i fondi strutturali, il ragionamento da fare è in realtà elementare. Si va verso un nuovo allargamento, importante e storico. I costi saranno imponenti, basti pensare ai cospicui finanziamenti per la ricostruzione dell'Ucraina. In questa prospettiva, se non si dice con chiarezza dove verranno recuperate le ingenti risorse necessarie, è probabile che in molte realtà in giro per l'Europa si inizierà a sospettare una qualche forma di *trade off*, di baratto strumentale, coi soldi della coesione. Il tutto con il risultato di screditare l'Unione e di contestare le ragioni ideali e l'utilità strategica dell'allargamento.

E qui torniamo a Jacques Delors. Non può esserci Mercato Unico senza politiche per la convergenza. Per questo la riforma della coesione impostata da Elisa Ferreira è indispensabile e certo non può farsi a saldo zero o addirittura preconizzando riduzioni in prospettiva. Non c'è alcun dubbio che una parte della stessa riforma, come suggerisce la Commissione di esperti guidata da Andrés Rodríguez-Pose, debba tenere conto di ciò che non ha funzionato e soprattutto del fatto che reiterare le stesse identiche politiche applicate finora senza successo non può essere la strategia più arguta. Si tratta di innovare e di attrezzarsi intelligentemente al nuovo contesto.

E in questo nuovo contesto la sfida principale, a mio avviso, è quella del *brain drain*. Anch'esso è stato un argomento battutissimo nelle discussioni che ho avuto nelle capitali degli Stati Membri. Battutissimo e anche divisivo, sia in sedi accademiche sia al livello istituzionale. E a ben vedere ciò è riconducibile anche al fatto che il problema riguarda non solo i rapporti degli Stati Membri tra di loro, ma anche gli equilibri tra le diverse regioni all'interno di uno stesso Paese, come il caso dell'Italia suggerisce.

La complessità della questione è acuita dal fatto che spesso in tasca di chi se ne va c'è un biglietto di sola andata. Negli ultimi anni, certo, ci sono stati esempi in controtendenza, dopo un periodo in cui, subito dopo l'ingresso nell'UE, gli spostamenti verso gli Stati Membri più ricchi sembravano inarrestabili. Interessante il caso della Repubblica Ceca, ed è Vladimír Dlouhý, oggi presidente di

Eurochambres, protagonista dei negoziati di adesione del suo Paese alla UE, a presentarmi a Praga dati più che incoraggianti su una recente ritrovata capacità di attrazione, con tanti cittadini cechi che ritornano in patria, insieme peraltro a numerosi altri lavoratori europei che hanno deciso in questi anni di scegliere proprio la Repubblica Ceca come meta di trasferimento. Lo stesso fenomeno sta capitando in altri Stati Membri. E si tratta senza dubbio di una conferma della vitalità del Mercato Unico e del dinamismo del mercato del lavoro europeo.

Questi segnali però non bastano a controbilanciare né tantomeno a cancellare quanto ormai da decenni sta succedendo altrove. La Croazia, la Romania, la Bulgaria, la Slovacchia, l'Ungheria sono i casi più eclatanti di un fenomeno non più sostenibile. Alcune regioni del Mezzogiorno d'Italia da troppo tempo attraversano un'esperienza simile, resa più drammatica dal fatto che contemporaneamente altre aree dello stesso Sud sperimentano tendenze di segno opposto. Il tutto nella cornice generale di una Italia da troppi decenni terra di spopolamento e di fuga delle nuove generazioni.

Quando per molti anni di fila – o addirittura, appunto, per decenni – si subisce una emorragia quale quella che i Paesi e le aree cui ho accennato vivono, non ci si può accontentare della definizione di *brain drain*; è banalmente un eufemismo. Meglio parlare, realisticamente, di spoliazione. Perché ad andarsene è in genere la parte più vitale e fresca delle comunità interessate, le quali poi non possono più contare su un fisiologico e sano ricambio all'interno della propria società. Le pubbliche amministrazioni, in particolare, rimangono indietro, non sono in grado di stare al passo con gli adeguamenti necessari, finiscono per invecchiare, non solo anagraficamente, e sappiamo quanto peso abbia la questione generazionale per il buon uso delle nuove tecnologie e del *know how* gestionale dei prodotti e dei processi.

Sul punto uno dei più interessanti momenti di confronto in Commissione l'ho avuto proprio con la Direzione Generale guidata da Mario Nava, che deve occuparsi di accompagnare gli Stati Membri nell'implementazione delle riforme europee, nell'ambito del portafoglio di competenze della Commissaria Ferreira. Il problema sembra talvolta insolubile. Si possono infatti lanciare grandi idee a Bruxelles, si possono allocare nuovi fondi e risorse significative, ma poi in troppi casi chi ha la responsabilità di far atterrare le novità in modo efficace non ce la fa, per limiti strutturali e soprattutto per la mancanza delle risorse umane essenziali. E chi non ce la fa sulle proprie politiche nazionali o regionali finirà per fallire inevitabilmente anche sulle opportunità europee. Con una conseguenza su tutte: aumenteranno le disuguaglianze, si allargheranno le distanze.

Nel Rapporto propongo di creare un vero e proprio pilastro di partenariato tra il livello europeo e quello degli Stati Membri in modo che l'accompagnamento sia più immediato, efficace. E in modo che le strutture locali trovino vantaggio e incontrino sostegno vero nel lavorare con Bruxelles.

Ma anche queste proposte rischiano di essere inefficaci se non si argina la spoliazione, o *brain drain* per intenderci. Per questo abbiamo usato, nei titoli della sezione specifica del Rapporto, la formula «freedom to move, freedom to stay» – libertà di muoversi, libertà di restare. Lo so: la discussione è oggettivamente complessa. Ma porre con nettezza il problema può contribuire a scongiurare ripercussioni sociali gravi e soprattutto a evitare che il Mercato Unico si faccia fattore di divergenza, anziché di unione e convergenza. Non è mai stata l'idea di Delors, non deve esserlo ora.

Freedom to stay non vuol dire chiudere le frontiere e impedire le partenze, per essere chiari. Freedom to stay e Freedom to move sono due facce della stessa medaglia. Si tengono insieme. Freedom to stay obbliga l'UE a ripensare la propria politica di coesione, rilanciandola. Allo stesso tempo, spinge a creare sistemi di incentivi per il ritorno nel proprio Paese di origine, con criteri che devono essere tarati sulle migliori esperienze nazionali.

Freedom to stay significa, infine, avere un altro approccio ai servizi di interesse generale, materia finora praticamente orfana di paternità politica e istituzionale. Il depauperamento dei servizi pubblici fondamentali in tanti territori periferici è stato uno degli errori più gravi che abbiamo commesso negli ultimi vent'anni. Ora, anche in questo caso, è il momento di dimostrare di aver appreso la lezione.

9. Per ragionare di quinta libertà al CERN di Ginevra

C'è una quinta libertà da aggiungere, quella della conoscenza. Per incentivare la condivisione dei saperi e delle competenze e sfruttare il potenziale inespresso delle nostre comunità.

Sono quattro le libertà del Mercato Unico: beni, servizi, capitali e persone. Sono rimaste così, scolpite dall'articolo 26 del Trattato. Oggi semplicemente non bastano più. Me lo suggerisce da ultimo, con una bella sintesi, uno studente sloveno a Firenze all'Istituto Universitario Europeo: «le quattro categorie classiche delle libertà del Mercato Unico sono davvero figlie del Novecento; tutte tangibili, manca però l'intangibile che in fondo è la vera caratteristica del nostro tempo, il Secolo del digitale».

Molto più di una intelligente provocazione. Ci ho lungamente riflettuto: bisogna mettere in discussione l'impianto concettuale del mercato interno e lavorare su una sua compiuta evoluzione. Tante sono state le discussioni, in Università e non solo. Poi il suggerimento giusto: andare a rivedere il dibattito durante i primi decenni di vita del Mercato Unico e ritrovare un discorso di Jacques Delors al Parlamento Europeo del gennaio 1989 in cui propose l'idea di completare le quattro libertà con una quinta, la libera circolazione delle idee. A partire da quella sollecitazione, in effetti, si è successivamente arrivati al passaggio del millennio, al grande piano per un'Unione Europea competitiva basata sull'economia della conoscenza, promosso dai quindici Stati Membri di allora e dalla Commissione Europea guidata da Romano Prodi a Lisbona, nel 2000. Per applicarne alcuni dei principi base, il responsabile della Ricerca della prima Commissione post allargamento, lo sloveno Janez Potočnik, lanciò proprio il progetto di una quinta libertà basata sulla ricerca. Un progetto che poi non trovò, nei Consigli Europei del periodo della grande crisi finanziaria, il terreno fertile per andare avanti. Ma l'intuizione c'era ed era giusta, a partire – lo ripeto – da quel discorso di Delors a Strasburgo.

Oggi l'intuizione va rilanciata, rafforzata e fatta diventare realtà. Il tempo è maturo e sono la realtà stessa attorno a noi e la concorrenza globale a spingerci in quella direzione. Ne discuto in un seminario all'Arel con la direttrice del CNR, Maria Chiara Carrozza, che giustamente mi sollecita ad allargare il quadro. Non solo ricerca, ma anche dati e skills. L'ambito concettuale deve essere più vasto perché più impegnativa è la sfida odierna. Alla fine, mi convinco che, per parlare di quinta libertà, dobbiamo usare il termine «conoscenza». È quello che definisce, meglio di tutti gli altri, l'intangibile a cui faceva riferimento il nostro brillante studente sloveno e che dobbiamo affiancare alla quadripartizione classica di beni, servizi, capitali e persone.

Ginevra, all'interno del mio Viaggio in Europa, è stata la tappa più interessante per approfondire questo tema. Certo, la Svizzera non fa parte dell'UE e ha rapporti col Mercato Unico stabiliti da una serie di accordi che forse solo ora potrebbero finalmente essere rafforzati. Ma Ginevra è un luogo speciale per tanti motivi, in particolare perché è la sede – parte in territorio svizzero, parte in territorio francese – del CERN. Alla guida di questa eccellenza europea c'è una direttrice dalle grandi qualità, Fabiola Gianotti. È lei che nel lanciare il nuovo Quantum Computing Institute del CERN, frutto di un'iniziativa congiunta con il Geneva Science Diplomacy Anticipator (GESDA), affronta la grande questione della libertà della conoscenza e del fondamentale ruolo del metodo scientifico all'interno delle politiche dell'Unione Europea. Il suo ragionamento lascia il segno e mi convince ulteriormente della necessità di fare della quinta libertà uno degli assi portanti del Rapporto.

Si tratta di rendersi conto del peso sempre più importante che i dati hanno in vista dell'assunzione di decisioni da parte delle istituzioni nazionali ed europee. Il loro controllo e la loro libertà di circolazione concorrono a definire, ormai, una nuova grande questione di democrazia che l'UE deve mettere nel proprio radar, tra le priorità di cui occuparsi.

Ciò a maggior ragione in un'epoca nella quale il metodo scientifico viene costantemente messo in discussione. In tante, troppe occasioni, infatti, le evidenze scientifiche sono stigmatizzate non sulla base di controevidenze, ma per il perseguimento bieco dei propri immediati interessi, di parte o di gruppo. Il caso più eclatante è ovviamente il negazionismo climatico, sempre più diffuso e corrosivo. I negazionisti scartano la scienza perché non fa il loro gioco, loro parlano non alla testa ma agli istinti delle persone e sfruttano i bachi del sistema della comunicazione globale e dei social media per imporre come verità rivelate teorie non suffragate da alcun elemento inconfutabile.

Si tratta di un piano inclinato sul quale le nostre democrazie rischiano di scivolare ancora di più se la scienza non recupera la propria incontrovertibilità dialettica. Bisogna che le decisioni di chi governa siano prese sulla base di evidenze scientifiche accettate anche da chi è all'opposizione: serve su questo un approccio rigorosamente bipartisan. Perché la scienza non è né di destra né di sinistra. La scienza fornisce dati a supporto di chi decide, indipendentemente dall'orientamento politico e dal momento contingente.

Se questo assioma venisse meno, sarebbero impraticabili le politiche di lungo periodo necessarie per accompagnare transizioni decisive come quella verde, giusta e digitale. E sarebbe impossibile contrastare le tendenze che stanno trasformando le nostre società a partire dai disastrosi trend demografici.

Cambiamento climatico e demografia, peraltro, sono solo alcuni degli ambiti nei quali l'approccio empirico è apertamente boicottato. Ve ne sono molti altri con implicazioni perfino più drammatiche: penso ovviamente alla medicina durante l'emergenza Covid. Quante battaglie, quanti scontri, quanti improbabili ma pericolosi discorsi affabulatori. Sembrano tempi lontani, eppure sono vicinissimi. Fenomeni con una caratteristica comune in tutta Europa, forse nell'intero Occidente: le soluzioni proposte in alternativa a quelle ufficiali sono, guarda caso, puntualmente, quelle più facili e più comode. In sintesi, sono sempre e solo delle scorciatoie. Controproposte confortate anch'esse dalla scienza non se ne sono viste, naturalmente.

La difesa e il rilancio del metodo scientifico rappresentano invece un valore fondante dell'Unione Europea, un pilastro della nostra vita associata. A partire da queste riflessioni ho pensato alla necessità di ancorare il futuro del Mercato Unico alla centralità del rigore empirico e all'indipendenza della scienza. Covid e cambiamento climatico devono rappresentare una cesura: l'Unione Europea del futuro non può che essere impermeabile al populismo antiscientifico.

Certamente, questo significa anche investire di più nell'istruzione e nella ricerca a livello europeo. Nonostante i significativi sforzi compiuti e il grande successo del programma Erasmus+, ancora troppo pochi europei hanno l'opportunità di studiare o lavorare in altri Paesi dell'UE. È necessario fare di più per favorire lo scambio di idee ed esperienze, il confronto e il dialogo tra i cittadini europei. La Commissione ha proposto un piano per la creazione di una laurea europea e proseguire in questa direzione deve essere una priorità della prossima legislatura. Nel Rapporto ho suggerito un ulteriore intervento, rendere la mobilità una componente integrale e obbligatoria del percorso di istruzione secondaria per tutti gli europei, una sorta di Erasmus per i licei. Dobbiamo garantire che conoscenza e mobilità non siano privilegi per pochi, ma diritti fondamentali per tutti, promuovendo così anche un senso di identità e solidarietà europea, come la generazione Erasmus di Antonio Megalizzi ci ha insegnato e continua a insegnare.

D'altra parte, porre la conoscenza al cuore del Mercato Unico è anche il modo migliore per far sì che l'Europa investa molto di più in innovazione. Purtroppo, negli ultimi anni, il *gap* con il resto del mondo, in particolare con Stati Uniti e Cina, si è allargato. Le rivoluzioni tecnologiche che alle fine del secolo scorso ci avevano dato la leadership in campi fondamentali, come ad esempio le telecomunicazioni, sembrano un ricordo remoto. Oggi l'Europa è in difficoltà, ripiegata su sé stessa, dominata dalla frammentazione e dalla piccola dimensione. Difficile, in questo contesto, anche solo pensare di poterci contendere un ruolo di leadership in settori strategici, destinati a giocare un ruolo sempre più centrale nell'economia e nelle strategie del futuro. Penso in particolare a tutto il settore dell'aerospazio, a cui ho voluto dedicare un capitolo specifico all'interno del Rapporto.

Ma al di là dei settori specifici, emerge chiaramente come anche in tutto il vasto dominio della conoscenza siamo piccoli, troppo piccoli, soprattutto perché siamo divisi in 27 frammenti. Tutto questo rende difficile ciò che nella corsa all'innovazione è cruciale. Mi riferisco al ricorso ai capitali ingenti che sono necessari per tentare, per sbagliare e ritentare e risbagliare, magari per fallire, ma poi alla fine per farcela. Me lo racconta, con un filo di rammarico, la giovanissima imprenditrice di Ancona che incontro a margine di un evento organizzato dalla Fondazione Merloni, una start-upper nel settore della AI: per trovare ascolto e fiducia nella sua idea è dovuta andare in Texas, oggi frontiera avanzatissima dell'innovazione mondiale, forse più ancora della Silicon Valley.

Proprio il capitolo dell'intelligenza artificiale è probabilmente quello più carico di implicazioni e anche preoccupazioni. Negli Stati Uniti la quantità di investimenti in materia non è minimamente comparabile a quel che possiamo fare qui in Europa. In compenso noi abbiamo legiferato. E abbiamo fatto bene, con Breton, a spingere per arrivare, primi al mondo, a un regolamento organico sul punto. Soprattutto perché grazie a questa normativa comune, in anticipo rispetto al resto del mondo, si è riusciti a fermare la fuga in avanti di 27 e più Parlamenti nazionali e regionali, pronti a scrivere ciascuno la propria norma in materia di AI. Il regolamento europeo ha scongiurato il caos normativo e poi interpretativo e attuativo. E ci ha ulteriormente confermato nell'idea che l'Europa può ritornare a una capacità di influenza mondiale sulla innovazione.

E non c'è dubbio che la capacità innovativa di una economia sia direttamente proporzionale alla quantità di informazioni e di dati che è in grado di gestire e immettere nei propri processi, anche decisionali. L'equazione è lineare e ogni giorno più chiara: più moderna, integrata e competitiva è l'economia della conoscenza, maggiore è la creazione di valore, migliore è la qualità della governance in tutti i settori, più forte è la democrazia. A tutti i livelli, infatti, il decisore che ha a disposizione dati certi e strumenti innovativi per analizzarli e trattarli può operare in modo efficiente e performante e dare in questo senso risposte più mirate ed efficaci alle istanze delle comunità di riferimento. Il tutto nell'ambito di un circolo virtuoso per cui, condividendo poi le conoscenze e applicandole ad ambiti diversi, si possono sperimentare nuove, più trasversali, forme di innovazione, capaci a loro volta di tradursi in forme inedite di applicazione. Con il risultato, dunque, di generare progresso e di farlo secondo i tempi e i ritmi esigenti della nuova competizione globale.

In definitiva, come è illustrato in modo approfondito nel Rapporto, l'obiettivo è fare della quinta libertà lo strumento per abbattere le barriere all'accesso ai dati e incentivare la condivisione dei saperi e delle competenze fra tutti i Paesi membri, sfruttando il potenziale inespresso della conoscenza e mettendola al servizio delle imprese e dei cittadini europei.

10. In maniche di camicia sotto il sole invernale di Copenaghen

Velocizzare il processo decisionale europeo è un'esigenza primaria. Passare dalle Direttive, molto lunghe e complesse nella fase applicativa, ai Regolamenti, immediatamente applicabili, è la scelta strategica da fare.

Mi sposto a piedi tra i canali del centro di Copenaghen e guardo il cielo. Non c'è una nuvola. Il sole è ovviamente di traverso, ma riscalda. Attorno a noi solo persone in t-shirt. Tanti i ciclisti abbigliati come in Italia d'estate. Mi vedo riflesso nello specchio di una vetrina e con Tullio che mi accompagna sembriamo Totò e Peppino che sbarcano a Milano vestiti come esquimesi al Polo. Mi tolgo il giaccone, tengo giusto la sciarpa. Siamo a febbraio. È un piacere camminare per Copenaghen così. Ammiro le prime fioriture del tanto verde che c'è nel centro della capitale danese. Il clima perfetto. Non a febbraio, però. Decisamente non torna.

Mi attende una giornata di lavoro con imprenditori, esperti e rappresentanti dei lavoratori, sono accompagnato per tutta la visita dal ministro dello Sviluppo economico Morten Bødskov, che mi aiuta a capire meglio. Tanti ovviamente i temi legati al Mercato Unico, ma su tutto aleggia un'atmosfera di guerra. La Danimarca, Paese membro della NATO, con solida tradizione nell'industria della difesa e con ruoli guida nella stessa Alleanza Atlantica, ha appena deciso di consegnare all'Ucraina il proprio intero arsenale. La minaccia russa è di gran lunga in cima ai temi in discussione in tutti gli incontri. Mai, davvero mai, avrei immaginato di riprendere il grande cantiere del Mercato Unico di Delors e trovarmi a confrontare sull'eterna questione della pace e della guerra. E mai avrei previsto di ragionare sull'industria della difesa, e sulla sua integrazione su scala europea, come di una grande priorità del mercato comune.

Eppure, è così. Me ne rendo conto meglio quando completo la giornata di lavoro incontrando Mette Frederiksen, la prima ministra danese, che mi riceve proprio nei luoghi in cui è girata *Borgen*, la famosa (o famigerata) serie tv di enorme successo. Penso un attimo alla forza di questo genere di fiction e alla capacità di rendere popolari luoghi che altrimenti lo sarebbero decisamente meno. Immagino una serie *Palazzo Chigi*, sorrido e provo a concentrarmi sui temi dell'incontro. Mette Frederiksen mi conferma quanto la guerra abbia cambiato la bussola delle priorità dell'azione del governo e del dibattito pubblico danese, ma al tempo stesso aggiunge che l'irrompere di questo nuovo scenario non ha abbassato i livelli di attenzione sulla riforma dell'Europa. Avevo ascoltato accenti simili negli incontri fatti nelle altre capitali scandinave, a Helsinki e a Stoccolma, come pure nei Paesi Baltici. Il «go green», da un lato, e la lotta alla *over regulation* e agli eccessi burocratici, dall'altro, possono contare su un solido sostegno bipartisan che i governi conservatori e progressisti dei Paesi nordici portano avanti nel confronto pubblico e nelle scelte europee. Con alterni successi, ma con grande determinazione e sempre assicurando un contributo prezioso per la riflessione sul futuro dell'Europa. Facciamo un focus specifico sulla semplificazione della pubblica amministrazione.

Simili approfondimenti li ho fatti anche a Stoccolma, L'Aja, Helsinki e Tallin. Particolarmente interessante su questi temi l'incontro organizzato dall'Associazione Hamu e dalla Fondazione Merloni all'Università di Ancona. Un pomeriggio di botta e risposta estremamente illustrativo con esperti, accademici e imprenditori di Marche, Umbria e Abruzzo. Anche l'Italia dei piccoli centri, dei borghi e delle aree remote chiede risposte celeri e semplici per rispondere alla necessità vitale di collegare i propri territori, in questo caso quelli della dorsale appenninica, alle istituzioni europee.

Sono coinvolto e ammirato dalla determinazione con cui vengono affrontati questi temi. Mi si porta a discutere di Bruxelles, di quella sorta di moloch burocratico che la capitale UE pare essere diventata agli occhi dei cittadini europei, soprattutto di quelli nordici. Ascolto e condivido le analisi su alcune criticità. Difendo Bruxelles e l'UE su altre. Mi sento un esperto della materia anche perché vengo da un Paese nel quale la burocrazia non può certo vantare le performance danesi. Ritengo che troppe volte Bruxelles sia costretta ad aggiungere quelli che appaiono come nuovi livelli di regolamentazione perché gli Stati Membri resistono a che la regolamentazione comunitaria sia sostitutiva. La vogliono, loro per primi, aggiuntiva. L'intento è quello di mantenere margini di controllo che però finiscono per essere un danno per il raggiungimento degli obiettivi comuni e un impedimento per i cittadini. D'altronde, si fa riferimento spesso alla Commissione Europea in termini di complessità burocratica, evidenziando la necessità di affrontare e risolvere certe inefficienze. Tuttavia, bisogna sempre ricordare che le dimensioni della Commissione Europea sono quelle del Comune di Milano. La Commissione è, cioè, piccola, piccolissima, se paragonata alle gigantesche amministrazioni nazionali. E dopotutto ha poteri in larga parte solo regolatori e non amministrativi. Nonostante queste attenuanti, la questione dello snellimento delle procedure e della semplificazione amministrativa rimane comunque centrale e non più glissabile.

La prima conclusione che traggo dai tanti incontri è che bisogna far definitivamente prevalere l'uso del Regolamento UE su quello di qualsiasi altro atto giuridico europeo, Direttive in testa. Ho in mente i miei primi approcci al tema del diritto comunitario. Ricordo da studente i corsi di diritto costituzionale e di diritto parlamentare all'Università di Pisa. In particolare, le lezioni del professor Romboli, affollatissime in Aula magna, con la sveglia all'alba per andare a prendere il posto per tempo. Ero ammirato dalla sua capacità di spiegare «come fosse un libro stampato», come si diceva un tempo. Ripenso poi alla visita a Roma, al Parlamento, che facemmo grazie all'impegno di Virginia Messerini e di Emanuele Rossi che non smetterò mai di ringraziare per quell'occasione e per la passione per gli studi comunitari che, assieme ad Andrea de Guttry, mi hanno trasmesso.

Ho memoria nitida di quei due giorni trascorsi nel 1986 a visitare varie commissioni parlamentari. Mi ricordo di Giuliano Amato, allora in un ruolo quanto mai impegnativo di cui anni dopo ho capito in prima persona la delicatezza e la fatica, quello di sottosegretario alla Presidenza del Consiglio. Ci ricevette e rispose a tutte le domande di noi studenti, nonostante altre, più urgenti, incombenze premessero. La parola che allora mi rimase più impressa fu proprio «Direttiva». Era la chiave del diritto comunitario. Erano le indicazioni che Bruxelles dava e che gli Stati Membri dovevano applicare, ciascuno riportandole nel diritto interno con strumenti legislativi propri e differenziati.

L'Italia faticava sempre nell'adattarsi alle Direttive comunitarie. Lo facevamo in ritardo e spesso con modalità tali da far scattare le infrazioni alla Corte di Giustizia delle Comunità Europee e poi le conseguenti sanzioni e multe pecuniarie. In quel 1986 addirittura il diritto comunitario e gli affari europei non avevano nemmeno l'onore delle Commissioni permanenti. A Roma visitammo infatti quella che ancora era la Giunta per gli Affari Comunitari del Senato, un livello ben inferiore a quello della Commissione Permanente. Dodici anni dopo quella visita da studente al Parlamento mi ritrovai a essere responsabile al governo della materia e a provare ad accelerare l'attuazione delle Direttive. Costruimmo nel tempo un percorso per renderla più rapida ed efficace. Con risultati a luci e ombre e comunque sempre con grande fatica.

Già allora tutto girava attorno alla «Direttiva»: una parola in fondo, anche etimologicamente, impositiva, quasi coercitiva, che però troppe volte è risultata svuotata di contenuto nella fase attuativa. E poi c'era la ripartizione del processo legislativo comunitario in due fasi.

In primo luogo, quella ascendente basata sulla formazione del contenuto della norma attraverso il confronto degli Stati Membri tra di loro e con la Commissione e il Parlamento Europeo.

In secondo, la fase discendente, quella di applicazione nel diritto interno della norma, una volta approvata a Bruxelles e a Strasburgo. Tenere in equilibrio i piani richiedeva un grande sforzo. Come pure far sì che le due fasi fossero coerenti. Troppe volte in Italia si è finito per usare tutte le possibilità disponibili per allungare e imbrigliare la fase discendente perché non ci si era resi conto con sufficiente anticipo dell'importanza della fase ascendente, trattata con superficialità e sufficienza, senza cogliere fino in fondo le implicazioni e le conseguenze potenziali.

Ma i tempi della vita, della società e dell'economia di oggi non possono reggere un processo legislativo così complesso (con fase ascendente, fase decidente e fase discendente) e soprattutto così esteso nel margine lasciato ai governi di intervenire in tutti i momenti del percorso. Quando gli Stati Membri erano 9 forse tutto questo era gestibile. A 27, o magari domani a 35, è decisamente impossibile. Di qui la necessità di intervenire per snellire e semplificare, a partire dal più importante dei temi che è quello di trasferire la normativa europea principale allo strumento del Regolamento.

La mia conclusione, dopo tutti gli incontri fatti durante questa lunga fase di ascolto, è facile a dirsi: la Direttiva è il passato e va definitivamente superata. Bisogna passare dalle Direttive ai Regolamenti che sono immediatamente attuativi e non necessitano di una norma nazionale per implementarli. Bisogna saltare il doppio intervento degli Stati. Bisogna far sì che la fase discendente sia automatica e che non lasci spazio a pratiche dilatorie o di affossamento delle decisioni assunte tutti insieme a Bruxelles. Bisogna eliminare dalla fase discendente tutte le pratiche distorsive, a partire dall'allungamento dei tempi fino ai fenomeni di modifica e snaturamento definiti *ring fencing* o *gold plating*.

A ben vedere, sono fenomeni, questi, insiti nello strumento della Direttiva. Condotte che, in un'Europa a 27, arrecano pesanti danni al sistema, ai cittadini, alle imprese e ai lavoratori. In definitiva, sono proprio degenerazioni simili ad alterare i connotati dell'Unione Europea che spesso finisce per offrire due facce di sé: quella forte e assertiva dell'annuncio di decisioni prese, e quella fragile, frammentata e contraddittoria, che si riflette in modalità attuative farraginose e sfiancanti. È con esse che deve cimentarsi chi intende fare investimenti dall'estero sul territorio europeo e ha il bisogno di misurare la convenienza tra l'impiegare risorse da noi o il prediligere altre aree del mondo più attrattive. Da questo punto di vista essere snelli e capaci di semplificare, laddove possibile, rappresenta un imperativo ineludibile nella concorrenza globale.

A proposito di concorrenza globale, negli anni Ottanta e Novanta essa pesava poco e nulla. Ha cominciato ad affacciarsi solo a partire dall'inizio del secolo. Prima la concorrenza era prevalentemente tra Paesi europei, non con il mondo esterno. L'Europa in cui nasce il Mercato Unico ha come grandi concorrenti esterni solo il Giappone e l'America del Nord. Oggi il numero dei *competitors* è cresciuto e continua ad aumentare. Solo dieci anni fa l'India non sarebbe stata annoverata nell'alveo dei nostri concorrenti alla stregua di Stati Uniti, Cina, Corea del Sud o Giappone. Oggi sì, lo è. E con essa le nuove potenze che guadagnano posizione nello scenario mondiale, a cominciare dai Paesi dell'ASEAN (Association of South East

Asian Nations), forse la più interessante novità geoeconomica di questo tempo.

Non è ovviamente solo la proiezione esterna a obbligarci a essere più snelli e semplici per tornare competitivi. C'è anche una ragione tutta interna che investe le esigenze dei cittadini che manifestano insoddisfazione crescente e aspettative esigenti in termini di accelerazione e miglioramento delle procedure e della burocrazia, a tutti i livelli decisionali e amministrativi.

Il grido d'allarme che viene dal mondo economico e da tante parti delle rappresentanze sociali va preso in considerazione a maggior ragione in una fase in cui la pesantezza burocratica stride massimamente nel contrasto con la rapidità e la liberazione dalle intermediazioni offerte dal digitale. Ho ascoltato, come ho già raccontato in questo libro, tante richieste di snellimento, semplificazione e accelerazione in ogni angolo di Europa che ho visitato. Me ne hanno parlato a Barcellona e a Gand, a La Valletta e a Dublino. Ovunque, non solo al Nord. Ricordo un incontro con imprenditori e rappresentanti di varie realtà economiche, piccole e grandi, in Grecia, a Lagonissi: ore e ore a parlare solo di questo, come del resto ho fatto, in un approfondito scambio, con lo stesso primo ministro ellenico, Kyriakos Mītsotakīs. Ne ho discusso da ultimo, proprio pochi giorni prima di presentare il Rapporto al Consiglio Europeo, anche nella due giorni a Budapest con Viktor Orbán.

Il ruolo della prossima Presidenza ungherese sarà rilevante. L'implementazione del Rapporto – in pratica, il suo successo o il suo insuccesso – dipenderà, da un lato, dall'impegno dell'esecutivo di Bruxelles, dall'altro proprio da quello del governo ungherese che, guidando il semestre di transizione tra una Commissione e l'altra, si troverà a gestire un compito molto complesso. Motivo, questo, per cui la visita a Budapest, la bellissima Budapest, è stata per me probabilmente la più delicata.

Confortato, comunque, da tutte queste interlocuzioni ho voluto insistere nel testo sul tema della semplificazione, pur sapendo di correre il rischio di un appesantimento dell'intera narrazione. Ma correggere radicalmente il modo stesso con cui l'Europa decide e accompagna le sue decisioni costituisce, secondo me, una sorta di «riforma a priori», da adottare quali che siano poi l'oggetto e l'impronta delle riforme settoriali da varare.

L'ho scritto in modo non equivoco nel Rapporto così come mi sono soffermato, oltreché sul passaggio dalla Direttiva al Regolamento, su tante altre misure utili ad alleviare il peso burocratico e a frenare la corsa all'appesantimento regolatorio.

Lavorare alla *better regulation* e alla semplificazione amministrativa presuppone, infine, un metodo molto selettivo: occorre saper differenziare. Da un lato, c'è tutto quello che è ridondante e duplicato: qui si può ridurre, tagliare, addirittura eliminare norme e processi. Dall'altro lato, c'è invece l'essenziale, il non negoziabile, vale a dire gli strumenti funzionali a garantire i diritti delle persone e quelli dei lavoratori. Diritti, questi ultimi, che, proprio seguendo il metodo Delors, è fondamentale estendere e non certo comprimere nella fase di applicazione delle norme europee in quelle nazionali, come più volte mi è stato ripetuto da sindacati e parti sociali nel corso del viaggio. Dunque, per i diritti l'obiettivo è inverso rispetto quello relativo alle procedure ridondanti: è qui che bisogna rafforzare le norme, consolidare i processi. Il punto, in sintesi, è non sovrapporre mai i due piani e soprattutto contrastare chiunque confonda la semplificazione delle procedure con quella dei diritti, minando le ragioni stesse della costruzione europea e in definitiva anche del mercato comune.

Le Telco – tra le grandi escluse del primo Mercato Unico – sono decisive per il nostro futuro. Il punto è far coesistere tre fattori: integrazione europea, crescita dimensionale delle imprese, tutela dei consumatori.

A Stoccolma nevica. Entro nella sede di Ericsson alla periferia della città. Le ore successive sono un'esperienza immersiva piuttosto sconfortante dentro i problemi di competitività delle telecomunicazioni in Europa. Una lunga lista di problemi che attanaglia da anni il settore e che sta rendendo l'UE sempre più marginale. L'elenco parte dalla mancata rivoluzione del 5G, passa per la frammentazione delle aziende, finisce con la sostanziale assenza dell'Europa dalla competizione globale tra piattaforme, interamente dominata da Stati Uniti e Cina. La prima impressione è che le possibilità di risollevarsi siano limitate, comunque difficili da intravedere.

Non tutto, ovviamente, è negativo. L'Europa ha ancora un patrimonio di eccellenze industriali, competenze e capacità di innovazione su cui fare leva. Ericsson stessa ne è un esempio lampante, con la sua capacità di ritagliarsi nicchie di leadership globale, pur in un panorama competitivo tanto complesso. Con le giuste politiche, le possibilità di crescita e sviluppo ci sono tutte, non solo per Ericsson, ma per l'intero ecosistema europeo delle telecomunicazioni. L'istituzione della quinta libertà, descritta in precedenza, può essere uno dei fattori più importanti nel permettere il salto di qualità di cui c'è bisogno.

Le ambiguità di scenario sono, quindi, tantissime. Penso, ad esempio, anche a quanto successo per quanto riguarda i consumatori. La conseguenza della frammentazione e di feroci politiche della concorrenza è che godiamo di prezzi decisamente competitivi, anzi godiamo proprio dei prezzi tra i più bassi delle economie avanzate. Si tratta senz'altro di un vantaggio. Ma sembra più l'ultimo lascito dell'antica preminenza dell'Europa nel settore, che un fattore di convenienza strutturale e consolidato. L'altra faccia della medaglia è, infatti, una scarsa competitività delle imprese del settore, che necessariamente si traduce in scarsi investimenti. E gli effetti sul consumatore in termini di offerta sono chiari. Già oggi in Europa scontiamo una copertura di rete scarsa in tanta parte del continente; le prospettive per il futuro sono ancora meno rosee, che si parli del 5G *StandAlone* (vale a dire, il vero e proprio 5G, capace di sfruttarne al massimo le potenzialità) o delle prossime generazioni di tecnologie. La marginalità di oggi rischia, quindi, di tradursi in un'estromissione dai vantaggi delle rivoluzioni di domani.

Allo stesso tempo, non possiamo dimenticare che recentemente sono arrivati segnali più che incoraggianti. Poco prima della pubblicazione del Rapporto, la Commissione Europea ha presentato il libro bianco *How to master Europe's digital infrastructure needs?* (Come affrontare adeguatamente le esigenze dell'Europa in termini di infrastruttura digitale?). È un documento che indica una direzione convincente e da cui ho potuto attingere numerosi spunti e molte proposte concrete, per il quale bisogna rendere merito al lavoro e alla capacità di analisi dei Commissari europei Thierry Breton e Margrethe Vestager. Ne parlo, tra l'altro, in un bell'incontro con Pedda Lundmark, ceo di Nokia, l'altro campione europeo.

Ma come siamo arrivati fin qui? Prima di tutto, gli errori non sono solo riconducibili alle scelte degli ultimi anni. Anzi. A ben vedere, siamo arrivati a questa situazione perché trentanove anni fa, quando Delors da neo Presidente della Commissione elaborò il suo piano per la nascita il 31 dicembre 1992 del Mercato Unico, gli Stati Membri gli sfilarono le telecomunicazioni dalle materie da integrare. Si misero tutti d'accordo per dire che quel settore era strategico per gli interessi nazionali, i quali dovevano prevalere su quelli europei. Fu una scelta figlia del tempo in cui venne assunta. Negli anni Ottanta, infatti, faceva i primi passi la vera integrazione economica del mercato europeo, ma la dimensione nazionale era totalmente prevalente. Era il decennio del G7 e di quella che fu definita la vittoria del capitalismo sul comunismo sovietico, la «fine della storia», per usare la formula più in voga allora.

Proprio il G7 che Giscard e Schmidt avevano creato anni prima viveva i suoi anni di gloria. È stato, oggi lo sappiamo, l'ultimo luogo globale eurocentrico. Dei 7 Paesi più industrializzati del mondo 4 erano europei, 2 nordamericani e uno asiatico. Una simile proporzione mai più si sarebbe riproposta. Essa dava però l'idea della potenza globale di quei 4 Stati europei. Ciascuno di essi pensava di giocare un ruolo in proprio nei settori strategici, quali le telecomunicazioni, l'energia e la finanza, esattamente i tre macrosettori che Delors non poté inserire nella configurazione del Mercato Unico.

Così il mercato delle telecomunicazioni rimase appannaggio esclusivo del livello decisionale nazionale e gli interventi successivi mai avrebbero intaccato questo principio. Certo, vi furono passi avanti in materia di coordinamento e di cooperazione, si fecero importanti forme di integrazione nella regolazione e nella tutela del consumatore, ma i mercati rimasero nazionali. Di conseguenza, le regole europee sulla concorrenza furono disciplinatamente applicate in una logica nazionale, creando le condizioni per una moltiplicazione del numero di operatori. Quattro o cinque mediamente per ogni Paese e più di cento operatori nell'intera Unione Europea. Fino all'incredibile numero medio di clienti per ogni operatore europeo pari a 5 milioni, a fronte dei 107 milioni di clienti medi per ogni operatore negli Stati Uniti e 467 milioni in Cina.

Non è ovviamente il numero di clienti che basta a definire la competitività, ma di sicuro un sistema così parcellizzato non aiuta in nulla l'Europa a guardare lungo e a investire sulla connettività e sull'innovazione. Peraltro, molte di quelle decisioni improntate alla frammentazione nazionale hanno poi continuato a prosperare per via della predisposizione dei Tesori nazionali a incassare *fees* e licenze per rimpinguare le casse pubbliche spesso esangui.

Non dimenticherò mai, a proposito di licenze e di soldi incassati o da incassare, l'esperienza che, giovanissimo, feci nel Comitato dei Ministri per le licenze del 3G in Italia. Si era nel pieno della bolla di internet. Valori finanziari e valori reali praticamente agli antipodi. Ci si apprestava ad affrontare l'asta delle licenze del 3G, con la speranza di grandi incassi per l'erario, sulla scia di quanto avevano fatto i tedeschi che evidentemente avevano imbroccato il momento giusto. Si pensava di emularli o quanto meno di avvicinarsi alla cifra mostruosa raggiunta da loro. Poi cadde il governo improvvisamente, secondo il «costume» italiano, per essere chiari. Il successivo esecutivo ci mise qualche mese a riaprire il dossier e nel frattempo le «quotazioni tedesche» avevano lasciato il passo a più modesti ammontare. La vicenda si chiuse su cifre molto più basse, ma quel che dominò il dibattito pubblico in quella fase fu la dimensione degli incassi che il ministero del Tesoro avrebbe riscosso e l'uso conseguente che si sarebbe potuto fare di quei, pochi o tanti a seconda del mese dell'asta, miliardi di euro.

Mi è tornata tante volte in mente quella storia di molti anni fa perché mi ha fatto capire da dove potrebbero venire le resistenze principali a una integrazione vera dei mercati nazionali delle telecomunicazioni in un unico grande e competitivo mercato europeo. Per tutte queste considerazioni ho voluto mettere nel Rapporto una serie di passi da compiere in vista dell'integrazione. Le prime misure da adottare vogliono permettere agli operatori di muoversi a livello pienamente europeo e di impiegare al meglio le tecnologie più innovative, anche attraverso chiarimenti e semplificazioni amministrative. Sono però tre le misure fondamentali. La prima consiste nel considerare come «mercato di riferimento» il mercato europeo – e non più il mercato nazionale – quando si tratta di politiche di concorrenza e di protezione del consumatore.

Questo non comporta in alcun modo il passaggio a un modello che imita quello americano, con 3 o 4 enormi aziende a spartirsi l'intero mercato europeo, ma significa permettere alle imprese esistenti di crescere a livello europeo, attraverso processi di consolidamento di mercato. Al posto di avere oltre 100 aziende nazionali, l'obiettivo deve essere quello di arrivare a formare un certo numero di aziende pan-europee, nell'ordine di qualche decina, abbastanza numeroso da garantire un'equa concorrenza ma non così eccessivo da disperdere valore. Parallelamente, cominciare a tutelare i diritti dei consumatori su scala europea non solo faciliterebbe il lavoro di quelle aziende che vogliono crescere al di là dei confini nazionali, ma permetterebbe anche di superare le detestabili differenze che oggi esistono in riferimento agli standard di protezione di cui godono i cittadini europei nei diversi Paesi.

La seconda misura riguarda la regolamentazione. Il fatto che oggi l'applicazione e l'interpretazione delle regole di settore siano gestite a livello esclusivamente nazionale crea frammentazione e disparità di trattamenti, perché le diverse Autorità nazionali operano in modo estremamente diverso tra loro. Non si tratta, tuttavia, di abolire le Autorità nazionali. La proposta consiste nell'istituire un'Autorità europea che operi a stretto contatto con quelle degli Stati Membri, con la prima incaricata di gestire le regole e i casi di rilevanza appunto transfrontaliera, mentre le seconde resterebbero incaricate di occuparsi di quelle situazioni i cui effetti non si estendono al di là dei confini domestici.

La terza misura riguarda il passaggio a una politica europea per lo spettro radio, cioè lo «spazio» in cui viaggiano le telecomunicazioni e più in generale le comunicazioni elettroniche. Oggi questo spazio è gestito a livello nazionale, con il sistema di licenze e *fees* descritto in precedenza. Questo approccio rende di fatto complicatissimo per gli operatori programmare investimenti a livello europeo e deve, quindi, essere definitivamente superato.

Le telecomunicazioni sono decisive per il mercato interno e per il futuro dell'economia europea e penso anche che tutto questo percorso di riforma possa avvenire nel rispetto del consumatore e in ultima istanza a suo vantaggio. Ne ho parlato varie volte con le associazioni dei consumatori, ho ascoltato le loro richieste. Le ho trovate del tutto condivisibili. Io stesso, da consumatore come tutti, ne sono convinto. Ritengo semplicemente che dobbiamo e possiamo trovare il modo per far coesistere l'integrazione del mercato europeo, la crescita dimensionale delle imprese e la tutela dei cittadini che acquistano un servizio. Se non lo facciamo sarà alla fine il consumatore a pagare per questa Europa non all'altezza della sfida della connettività e dell'innovazione.

12. Tra Parigi e Francoforte l'Unione dei Risparmi e degli Investimenti per la transizione

La prossima legislatura dovrà trovare il modo di finanziare la transizione verde, giusta e digitale. Bisogna raggiungere l'accordo politico tra i 27 Stati Membri convogliando verso questo obiettivo risorse pubbliche e private.

Dov'è che palesemente il mercato interno non ha funzionato come ci si attendeva? In quella che è davvero una grande storia di successo, dov'è che il progetto disegnato è rimasto solo sulla carta? Interrogativi tutti molto frequenti nei miei incontri. Una prima risposta, come già detto, sta nelle difficoltà a garantire convergenza economica e soprattutto sociale, con riferimento ai diritti, alla qualità della vita e ai servizi. Ma c'è anche una dimensione che riguarda direttamente il funzionamento delle quattro libertà. In particolare, questioni simili sono state al centro di appassionati dibattiti all'Università di Francoforte, con il Presidente della Bundesbank Joachim Nagel e con il Provost della IE University di Madrid Manuel Muñiz. In tutte queste discussioni, alla fine, ho registrato un consenso pressoché unanime: è all'incrocio tra «servizi» e «capitali» che il motore del Mercato Unico si è inceppato.

D'altronde, se si pensa alle quattro libertà e le si mette in scala dalla più integrata alla meno integrata, la sequenza, o più semplicemente la classifica, è abbastanza facile da tirare giù. Al primo posto i «beni», il settore più integrato; a qualche lunghezza le «persone»; in coda «servizi» e «capitali». Perché qui l'integrazione non ha funzionato? Perché il sistema finanziario europeo si sta progressivamente indebolendo e oggi rappresenta solamente circa l'11% del mercato globale? Perché attualmente tra i primi istituti di *investment banking* su scala globale non ci sono europei e lo stesso può dirsi per l'*asset management*? Perché il Nasdaq, da solo, vale molto di più della somma del valore di tutte le Borse europee messe insieme?

Potremmo dilungarci con le domande e sciorinare tante cifre e tabelle. Ci restituirebbero tutte, comunque, la stessa fotografia, quella del declino europeo in campo finanziario. E se all'aridità dei numeri e delle analisi economiche preferiamo l'osservazione attenta della realtà, basta guardare a come qualunque giovane start-upper che vuole aver successo – che parta da Pisa o da Vilnius, da Lubiana o da Porto poco importa – alla fine scelga di andare negli Stati Uniti a cercare i capitali e l'ambiente adatto per crescere. L'Europa, brutalmente, non la contempla.

L'America continua, dunque, a essere il Paese delle opportunità, quantomeno in questo ambito. Come se la grande crisi finanziaria del 2007 non fosse partita proprio dagli Stati Uniti. Come se negli ultimi anni il Paese non fosse stato scosso da sconvolgimenti politici e sociali forse senza precedenti nell'ultimo secolo della sua storia nazionale.

Inquadrando tutte queste dinamiche in un orizzonte più ampio e storicamente delimitato, credo che le ragioni del declino europeo e della contestuale crescita americana si possano sintetizzare in tre macro-cause. La prima sta proprio all'origine del Mercato Unico quando, accanto all'energia e alle telecomunicazioni, i leader degli Stati Membri sfilarono anche la finanza dal tavolo comune. Lo abbiamo visto: si riteneva che questi tre ambiti fossero strettamente correlati a esigenze strategiche nazionali. Dunque, si disse no, per ora no.

La seconda causa sta nella Brexit, che ci ha privato nel giro di una notte di Londra, la naturale capitale finanziaria europea, la cui leadership mai era stata messa in discussione. L'uscita della Gran Bretagna è stata un delitto contro il futuro dei figli dei britannici che l'hanno decisa, ma anche contro il futuro dei nostri figli perché sul versante finanziario l'UE ha perso moltissimo. Avrebbe potuto perdere ancora di più se non ci fosse stato un negoziato condotto con la determinazione e la competenza di Michel Barnier a nome di tutti i 27 Stati Membri.

Tuttavia, il danno della Brexit era stato fatto e le conseguenze si sarebbero rivelate assai pesanti. Ancora oggi – e nel corso del mio viaggio europeo ho avuto molti riscontri in tal senso – non vi è, e temo non vi sarà a breve, alcun accordo su un'altra capitale europea che possa sostituire, da sola, Londra. I distinguo, i dubbi, le obiezioni alla fine servono solo a mascherare una competizione senza esclusione di colpi tra le diverse opzioni sulla carta.

Ci vuole davvero un miracolo perché i Paesi membri si accordino su una capitale unica, sia essa Parigi, Milano, Francoforte, Madrid, Amsterdam o Dublino. Inutile continuare con gli esempi. Siamo sempre lì, sempre alla concorrenza interna fra Stati Membri che frena l'Europa e inibisce qualsiasi avanzamento. Piuttosto che scegliere la città di un altro Paese si accetta lo *status quo*, che in questo settore si traduce in due parole inequivocabili: declino e marginalità.

C'è, infine, la terza macro-causa. Si tratta della diversa reazione che Stati Uniti e UE hanno avuto dopo la grande crisi finanziaria. Da noi, alla crisi del 2007-2008 ha fatto seguito quella ben più pesante del debito sovrano, nel 2011-2012. Gli Stati Uniti la seconda variante non l'hanno sperimentata e soprattutto hanno avuto la possibilità di ripartire senza paura di rischiare di cadere in una crisi del debito sovrano. Un'eventualità, quest'ultima, totalmente da escludere perché, essendo uno Stato Federale, hanno gli strumenti centralizzati per intervenire in un weekend a Borse chiuse e raddrizzare le cose.

Da noi il trauma del 2011-2012 è stato tale che ci si è mossi da allora con la priorità assoluta di non ritrovarsi mai più in quella situazione. Alcune importanti novità sono state effettivamente introdotte, come l'Unione della Supervisione bancaria e l'ESM. Purtroppo, per i veti incrociati, ci si è fermati lì e non si sono fatti ulteriori progressi.

Con il risultato che oggi il timore di non sapere come risolvere una crisi in un weekend a Borse chiuse è la principale preoccupazione che aleggia tra gli operatori finanziari e le istituzioni deputate alla gestione di questi dossier.

Ricapitolando, gli interventi sono stati tanti e importanti, ma quel che manca ancora è il sapere *chi*, nel malaugurato caso di una crisi, dovrebbe sedere al tavolo che conta in un momento di drammatica emergenza, *con quali poteri e legittimazione* potrebbe agire, *di quali meccanismi decisionali* si potrebbe avvalere. Invece di decidere su questo tutto insieme e tutti insieme, si preferisce prendere tempo e rispolverare gli stereotipi di sempre, magari con i grandi classici come la sempreverde distinzione tra cicale del Sud e formiche del Nord Europa. Evito di raccontare quante volte mi è stata riproposta, in mille sfumature seppur mai del tutto esplicite, durante i miei incontri.

In questo stallo non stupisce che alla fine prevalgano condotte improntate alla prudenza e al contenimento dei danni, di fatto ribadendo che, in mancanza di chiarezza sugli scenari di crisi, si possono solo lanciare messaggi di cautela in una logica preventiva. È così che si arriva a chiedere a tutti gli attori finanziari europei di non assumere rischi. Una raccomandazione che, del resto, si sposa alla perfezione con l'abitudine del risparmiatore europeo a mettere i soldi a dormire nel conto corrente bancario, piuttosto che investirli, oppure con la tendenza di molte imprese a prediligere il prestito bancario rispetto a qualsiasi altra fonte di finanziamento. Il risultato è l'assenza totale di una benché minima accettazione del rischio. Il che può andar bene per scongiurare una nuova crisi, anche di lieve portata, ma va malissimo se si considerano gli effetti nel medio-lungo periodo: stagnazione e conseguente spostamento di tutti i centri di potere finanziario negli Stati Uniti.

Occorre invertire questa tendenza, cambiarne il senso. Anzitutto, però, bisogna volerlo politicamente. Si tratta, dunque, di condividere tutti insieme a livello UE la convinzione che un moderno, integrato e attrattivo sistema finanziario europeo sia decisivo perché l'economia reale europea produca crescita e generi posti di lavoro. Può sembrare scontato, ma non lo è del tutto. Da più parti si ha come l'idea che finanza ed economia reale siano mondi scollegati. Chiaramente non è così. Anzi, è esattamente l'opposto. La finanza deve essere al servizio dell'economia reale e quest'ultima, senza poter accedere a finanziamenti adeguati, non è competitiva.

Questa assunzione di consapevolezza generale va tradotta in concreti avanzamenti, come ho cercato di indicare nel Rapporto. È arrivato il momento di costruire un'Unione dei Risparmi e degli Investimenti, a partire dalla incompleta Unione dei mercati dei capitali. Si tratta sostanzialmente di decretare la fine della lunga stagione dei mercati nazionali chiusi e di costruire un vero mercato dei servizi finanziari europei. Primo passo è la messa in comune della supervisione sui mercati finanziari, sul modello di quanto da qualche anno accade per il sistema bancario. Non propongo un mega supervisore europeo, bensì un sistema di supervisione, con un centro forte e tante diramazioni nazionali coordinate con il centro. Con l'idea che il centro si occupi delle operazioni di più ingenti dimensioni e i punti nazionali di ciò che è sotto una certa soglia.

Accanto a questa razionalizzazione, occorre lavorare per integrare le attività *post trading* con l'obiettivo, un giorno non troppo lontano, di avere come negli Stati Uniti il *clearing and settlement* unificato in un solo soggetto. Inoltre, bisogna costruire un sistema che abbia un'unica porta di accesso. Non come oggi dove, da fuori l'UE, si possono immettere, a partire da ciascuno dei 27 Stati Membri, prodotti finanziari che poi grazie a quel che esiste di Mercato Unico nel campo della finanza circolano ovunque. Si tratta di una fondamentale novità, principalmente a protezione dei consumatori, ma in generale nell'interesse della *accountability* dell'intero sistema. Sarebbero, quindi, unico il punto di ingresso e unico il punto di controllo.

Nel Rapporto sono dettagliate altre misure necessarie per arrivare all'obiettivo dell'integrazione e poi unificazione dei mercati finanziari europei, verso lo sviluppo di un'autentica Unione dei Risparmi e degli Investimenti. Questi interventi andrebbero supportati da scelte conseguenti in merito al consolidamento di altre importanti infrastrutture di mercato, a partire ad esempio dalle piazze finanziarie. Ad oggi sono decisamente troppe venti Borse in Europa, peraltro tutte piccole o molto piccole, con effetti di ulteriore indebolimento e frammentazione del sistema.

Non si pensi che tutte le piste suggerite nel Rapporto siano agevolmente percorribili. Molti di questi temi toccano sensibilità assai marcate. Una Borsa nazionale è ancora considerata da molti un vessillo di sovranità, un motivo di orgoglio patriottico, senza realizzare che questo ha un impatto negativo sulla competitività e sull'attrattività del proprio Paese e, dunque, sull'interesse nazionale. Tante piccole e frammentate Borse europee una sola cosa fanno: aiutano Londra e New York a prosperare.

Sono sufficienti questi argomenti per motivare uno straordinario sforzo politico comune, negli Stati Membri e a livello europeo? Non credo. In fondo, sono diversi anni che il piano si è inclinato e che le cose continuano ad andar male, ma ben poco è stato fatto per cambiare direzione. Per questo penso che il completamento del Mercato Unico per i servizi finanziari necessiti di uno stretto collegamento con l'obiettivo, gravoso e finora senza soluzioni, di finanziare la grande missione europea della transizione verde, giusta e digitale. Questo mi pare il passaggio politico che segnerebbe una vera e propria svolta.

Il progetto della Unione dei mercati dei capitali, come impostato a partire dall'Action Plan del 2014, non ha funzionato anche perché, dopo la Brexit, ha perso il suo più forte motore politico. È rimasto privo di obiettivi alti e si è rinchiuso in un approccio di «finanza per la finanza» che non è in grado di mobilitare alcuna energia politica. Al contrario, è cruciale legare il progetto di integrazione dei mercati finanziari europei a un obiettivo alto, cioè quello di incentivare il risparmio degli europei a rimanere in Europa e finanziare la transizione verde, giusta e digitale. Non «finanza per la finanza», dunque, ma un progetto concreto orientato a trovare le risorse necessarie a finanziare le tre grandi priorità della transizione: sviluppo sostenibile, giustizia sociale, innovazione. Solo in questo modo potremo convogliare le forze politiche necessarie a unificare i mercati finanziari e metterli nelle condizioni di attrarre investimenti da indirizzare alla più importante delle missioni della prossima legislatura: tenere viva la transizione e darle la forza per essere messa in pratica evitando conseguenze sociali e gestendo attriti politici.

La transizione è vitale per il nostro futuro. È stata la scelta più lungimirante e matura degli ultimi anni. L'intuizione di legare a doppio filo il finanziamento della sostenibilità e il completamento del mercato interno mi viene proprio a Parigi, la città della Cop 21 e degli ambiziosi traguardi nella lotta ai cambiamenti climatici fissati negli accordi del 2015. Partecipai, da professore universitario, a quel vertice e ricordo le aspettative e il legittimo senso dell'urgenza dei miei studenti in visita alla Conferenza e dei tanti giovani che a quell'appuntamento guardavano con ritrovata speranza. Ora, poiché non possiamo deluderli, dobbiamo ammettere prima di tutto che la transizione costa, politicamente ed economicamente. La migliore, più veritiera e completa analisi l'hanno fatta l'economista Jean Pisani-Ferry e Selma Mahfouz nel loro Rapporto del 2023 *Les incidences économiques de l'action pour le climat* (L'impatto economico delle azioni per il clima). I dati sono inequivocabili: la transizione richiederà investimenti aggiuntivi per una cifra pari al 2% del PIL europeo, ogni anno fino al 2030. In una bella relazione al seminario organizzato dall'Istituto Jacques Delors a Parigi Ferry ha sviluppato le sue argomentazioni in modo convincente, trovando soprattutto la chiave per descrivere al meglio il legame tra mercato unico dei servizi finanziari e, appunto, gestione delle transizioni.

Provo a sintetizzare alcuni passaggi di un ragionamento che mi convince appieno. La transizione sarà un'operazione costosa, complessa e assolutamente necessaria. Non vi è però accordo tra gli Stati Membri su come finanziarla. Si discute e probabilmente si discuterà a lungo, ma per ora non si intravede un denominatore comune, un compromesso sostenibile tra le diverse opinioni in campo. La creazione di un efficiente mercato unico dei servizi finanziari in Europa che intervenga a finanziare la transizione può essere la strada giusta. Peraltro, è forse l'unico modo per far sì che la transizione riceva significativi flussi di finanziamento pubblico comune. Flussi che appaiono ad ora improbabili dopo la fine, nel 2026, di Next Generation EU.

Sul punto è importante non nasconderci la verità. La posizione dei Paesi del Nord Europa, Germania e Olanda in testa, è oggi inamovibile. Questi Stati sono riluttanti a fare nuovi finanziamenti comuni, eurobond e debito comune, dopo aver accettato, per via della pandemia, l'operazione straordinaria – «once in a lifetime» hanno detto ripetutamente diversi miei interlocutori tra L'Aja, Berlino e Stoccolma – dei 750 miliardi di euro di Next Generation EU, quasi la metà dei quali destinati a Italia e Spagna.

Per dribblare questa resistenza e aprire una discussione costruttiva su forme di finanziamento comune europeo, finalizzate ad alleviare il peso delle trasformazioni che ci attendono e a tamponare le inevitabili ripercussioni sociali, serve un credibile pilastro di finanziamenti privati interessati ad accompagnare la transizione. Come ben argomentato dal governatore di Bankitalia, Fabio Panetta, e da quello della Banca di Francia, François Villeroy de Galhau, c'è un grande potenziale di risorse private europee che, con un vero mercato finanziario integrato su scala comunitaria, troverebbero la via per restare in Europa invece di andarsene negli Stati Uniti, come fanno oggi, spinte dal ben più attrattivo mercato americano a finanziare e sostenere l'economia statunitense. È qui che sta una delle chiavi di volta dell'intera operazione. Sono infatti calcolati in circa 300 i miliardi di euro di risparmio europeo che ogni anno non restano in Europa a causa delle scarse performance del nostro mercato finanziario. Queste risorse sarebbero dirimenti per dare una svolta al sostegno della transizione verde, giusta e digitale. Queste risorse vanno tenute in UE.

Ovviamente, per raggiungere l'obiettivo, la condizione è che sia conveniente, appunto, stare in Europa, grazie a un mercato finalmente attrattivo e performante. D'altronde, la spinta generata da questo processo sarebbe duplice. Da una parte, grazie all'obiettivo di finanziare la transizione verde, giusta e digitale, si creerebbero, come detto, le condizioni per mobilitare le energie necessarie ad arrivare a quella integrazione dei servizi finanziari del Mercato Unico che finora non si è realizzata, anche per mancanza di convincenti obiettivi politici. Dall'altra parte, grazie alla creazione di un pilastro di risorse private finalizzate al finanziamento della transizione, si realizzerebbe una delle condizioni dirimenti per sbloccare la volontà politica indispensabile per avere anche un pilastro di risorse pubbliche europee comuni al fine di finanziare la transizione medesima.

Questa è la vera, perfino storica, posta in gioco dietro la creazione dell'Unione dei Risparmi e degli Investimenti, vale a dire di quello che finora è rimasto l'obiettivo più difficile da raggiungere da quando Jacques Delors fece approvare dagli Stati Membri l'Atto Unico, avviando così il percorso di piena integrazione delle quattro libertà.

13. Quell'unico treno ad alta velocità sull'asse Parigi-Bruxelles-Amsterdam

Se esiste il Mercato Unico, e se l'Europa è campione del mondo sul *green*, perché non si può viaggiare con il treno ad alta velocità tra le capitali europee?

Della serie «le nostre grandi contraddizioni». Se esiste il Mercato Unico, e se l'Europa è campione del mondo sul *green*, perché non si può viaggiare con il treno ad alta velocità tra le capitali europee? Ho in testa questa domanda, con le sue conseguenti e lampanti contraddizioni, da quando ho cominciato a pianificare il viaggio per redigere il Rapporto.

Che le conclusioni del Rapporto siano il risultato di un lungo ed estremamente prezioso confronto in lungo e largo per il continente l'ho raccontato più volte. Che questa esperienza collettiva, improntata alla partecipazione e all'ascolto, sia stata anche un esercizio per comprendere meglio la geografia europea e quanto essa incida su dinamiche concrete dell'integrazione è facilmente intuibile, anche se a ben vedere si tratta di un tema poco ricordato quando si parla di Mercato Unico e interdipendenza tra i nostri sistemi di sviluppo. Quanto pesano le distanze, le peculiarità fra Paesi e fra territori all'interno dei singoli Stati Membri, nella costruzione della identità e del senso di appartenenza a questa nuova Europa, sempre più larga e complessa, interconnessa eppure frastagliata e collegata fisicamente in modo irregolare e discontinuo?

Senza il viaggio – lo abbiamo visto – non ci sarebbe stato il Rapporto perché mi sarebbe completamente mancata la fondamentale parte di ascolto e di discussione comune che invece mi ha illuminato su molti aspetti che prima non mi erano del tutto chiari. E ovviamente non sarebbe stato possibile svolgere la missione che mi era stata richiesta senza visitare gli Stati Membri e ascoltare «sul campo» le posizioni, le idee e le reazioni degli uni e degli altri.

Il viaggio è stato, dunque, sostanza, contenuto, proposta proprio a partire dalla modalità che abbiamo scelto per arrivare alle conclusioni del Rapporto. Al contempo, il viaggio si è rivelato anche la modalità più efficace e immediata per esplorare il nodo della mobilità materiale in un'epoca in cui a prevalere sembra essere, invece, il dato intangibile, immateriale, virtuale.

La prima, non certo confortante, conclusione che possiamo trarre è che oggi, a trent'anni dalla nascita del Mercato Unico e della istituzione della libera circolazione delle persone, un viaggio come il mio è stato possibile solo grazie agli spostamenti aerei e non su ferrovia, come avrei voluto. Eccola la grande contraddizione con cui si è aperto il capitolo.

L'Europa che punta sulla transizione verde ed esercita sul punto una indiscutibile leadership globale non ha le proprie capitali unite dalla linea ferroviaria ad alta velocità. Sul versante delle autostrade la realizzazione di una rete unica è quasi completata, per i treni no, siamo molto distanti dall'obiettivo. Questa contraddizione ha un ulteriore corollario, politicamente molto rivelatorio delle dinamiche che scandiscono le decisioni europee. L'alta velocità non collega le capitali e non attraversa le frontiere fra uno Stato Membro e l'altro. Eppure, essa esiste quasi dappertutto all'interno dei singoli Paesi. Andare da Barcellona a Madrid, da Parigi a Lione o da Napoli a Milano da tempo si può fare in tempi rapidi e con un servizio di grande efficienza.

Il problema è che, come capita in molti settori dell'economia europea, la dimensione nazionale non dialoga con quella degli altri Stati in un armonico quadro europeo. Ciascuno ha fatto per conto proprio e alla fine le uniche grandi città europee collegate tra loro con il treno, in modo moderno e rapido, sono Parigi, Bruxelles e Amsterdam sulla linea oggi gestita da Eurostar. La stessa linea paradossalmente collega, in modo altrettanto veloce e organizzato, queste tre grandi città con Londra, che però con la Brexit ha deciso di staccarsi. Nel resto d'Europa occorre prendere l'aereo se si devono raggiungere rapidamente le varie capitali. Il treno rimane soprattutto il metodo che consente ai diciannovenni appena maturati di scoprire l'Europa grazie all'Interrail. Bello, certo, ma evidentemente insufficiente.

Ecco perché, al Consiglio Europeo e nel Rapporto, ho proposto un ambizioso piano di investimenti per arrivare ad avere tutte le capitali europee collegate tra loro con l'Alta Velocità entro il fatidico 2035, anno del definitivo passaggio all'elettrico per le automobili. Ma più in generale il rapporto presenta misure specifiche per ogni sistema di trasporto, da quello marittimo a quello aereo fino alla mobilità urbana, con l'obiettivo di sviluppare un vero sistema europeo di mobilità integrata. Perché di certo c'è che la creazione di un vero mercato unico nel settore dei trasporti è ad oggi un obiettivo mancato dall'Europa. Non solo ferrovie, ma ovviamente vie navigabili interne, rotte marittime a corto raggio e le strade che collegano i nodi urbani, i porti, gli aeroporti. Per conseguire questo obiettivo, al di là delle singole misure contenute nel Rapporto, è indispensabile a monte lavorare con pazienza all'uniformità delle norme, alla condivisione delle procedure, a una reale messa in comune delle pratiche.

Sempre in un'ottica di sostenibilità, bisogna naturalmente mettere i veicoli elettrici nelle condizioni di viaggiare in modo omogeneo in tutto il territorio europeo, lavorando sulle infrastrutture di ricarica, oggi distribuite in modo certo non uniforme, nel solo tra i diversi Stati europei, ma anche all'interno dei Paesi, dove persistono delle oggettive disparità di condizione tra regione e regione. Basti pensare alle difficoltà incontrate in questo senso nel Mezzogiorno italiano.

Un modo, anche questo, per «andare *green*» e per «fare Mercato Unico» allo stesso tempo, restituendo i sensi di una coerenza non contestabile dai critici dell'Europa tra gli obiettivi indicati sulla carta e le decisioni concrete che incidono sulla vita di tutti i giorni dei cittadini europei. Un'occasione strategica per lanciare un grande investimento che crei posti di lavoro, supporti lo sviluppo dei sistemi territoriali, incentivi la mobilità sostenibile, dando finalmente un senso compiuto alla libera circolazione delle persone e delle merci lungo tutto il territorio dell'Europa unita.

14. Ripartire da Val Duchesse e dal dialogo sociale

La democrazia europea è sotto pressione. Solo tutti insieme, praticando il dialogo sociale e la concertazione, possiamo tutelarla e rafforzarla.

Varco alla Villette, Parigi, la porta d'ingresso della CFDT (Confédération française démocratique du travail) per incontrare la segretaria generale, Marylise Léon, e i dirigenti di quello che oggi è il principale sindacato francese. È proprio da qui, dall'impegno sindacale, che per il giovane Delors ebbe inizio lo straordinario viaggio che lo avrebbe portato a Bruxelles, alla nascita dell'Europa dei cittadini e alla creazione del Mercato Unico e dell'euro.

Di questo percorso una tappa importante del suo mandato da presidente della Commissione è stata la creazione del Dialogo sociale europeo. Delors diventa presidente della Commissione il 1° gennaio 1985 e solo poche settimane dopo convoca a Val Duchesse, alle porte della capitale belga, sindacati, sigle datoriali e associazioni, per il primo grande vertice europeo con tutte le parti sociali. Nasce, appunto, il Dialogo sociale, che diventa luogo di riferimento e strumento sostanziale per l'integrazione europea. Delors, forte dei suoi trascorsi personali nell'impegno associativo, riesce a mobilitare energie e partecipazione fra i protagonisti dei rappresentanti dei lavoratori e delle aziende. Col tempo tutti finiscono con il mobilitarsi: le associazioni degli imprenditori, piccoli e grandi, i sindacati ovviamente, e poi il civismo, gli ambientalisti, i rappresentanti dei consumatori.

Da quella esperienza, nel corso dei decenni, ha tratto linfa ogni impulso all'inclusione sociale e al rafforzamento dell'intermediazione. Una spinta che, a dispetto dei tanti *stop and go*, è riuscita comunque ad arrivare fino ad oggi e a trovare una rinnovata centralità. Quasi quarant'anni dopo quell'appuntamento, infatti, pur in uno scenario profondamente cambiato per l'Europa, lo «spirito di Val Duchesse» torna in primo piano per una grande chiamata alla mobilitazione. Nel 2024 si tiene, proprio nella cittadina belga, un nuovo vertice sul Dialogo sociale, su iniziativa di Ursula von der Leyen e del Commissario per gli affari sociali, Nicolas Schmit, e il supporto della Presidenza semestrale belga del Consiglio, e in particolare del Primo Ministro, Alexander De Croo, e del suo vice, Pierre-Yves Dermagne. La nuova dichiarazione di Val Duchesse, del 31 gennaio 2024, e le conclusioni del Vertice sociale di La Hulpe, del 16 aprile 2024, segnano ufficialmente un rilancio del dialogo sociale e del metodo Delors. I problemi, i dubbi e le reticenze non mancano ma, dopo anni di stagnazione, il Dialogo sociale si riprende la scena.

Avrà un seguito? Dipenderà dai protagonisti e dalla loro capacità di tradurre le dichiarazioni di principio e gli impegni assunti in atti concreti, anziché lasciarli lettera morta. E dipenderà, ovviamente, tanto dalle istituzioni – nuova Commissione e nuovo Parlamento, *in primis* – quanto dalle parti sociali europee, che dovranno decidere se investire o meno su questo percorso. Di certo per Delors l'investimento fu positivo, fortunato. Fece una scelta lungimirante e ne trasse i frutti.

Oggi i leader europei hanno la stessa opportunità. Ora come allora questa strada non è la più diretta e facile. Alla metà degli anni Ottanta il dialogo sociale si praticava a livello nazionale, ma proiettarlo anche sulla dimensione europea sembrava una chimera. Mettere insieme storie diverse, lingue, tradizioni e pratiche spesso molto lontane tra di loro costava fatica e molta pazienza. Come trovare un *trait d'union* fra le condotte adottate in Italia, in Belgio o in Francia, ad esempio, e quelle danesi o britanniche? Delors ci provò e ci riuscì, andando oltre gli stereotipi e la pigrizia intellettuale. È una lezione di tenacia che vale evidentemente per le sfide odierne. Con un ulteriore elemento di complicazione di cui tenere conto: siamo dentro l'era della disintermediazione. Se nel 1985, senza internet e i social media, era difficile, figuriamoci oggi. Eppure, il Dialogo sociale – che è stato indubbiamente una delle ragioni del successo del Mercato Unico – potrebbe essere una carta in più da giocare per adattarsi ai cambiamenti connessi all'orizzontalità delle relazioni e di tutti i processi della vita associata.

Oggi, del resto, mentre la richiesta di senso e di coinvolgimento è più forte che mai, la democrazia di stampo tradizionale è sotto pressione e ha bisogno di essere rafforzata da forme di partecipazione sempre più marcate. In questo scenario, chi crede nel modello di democrazia e di sviluppo europeo ha un compito in più: dimostrare che, proprio con la democrazia e la partecipazione, l'economia cresce in modo più sostenibile e la società è più forte e inclusiva. Esattamente l'inverso della vulgata che, neanche più troppo sottotraccia, sembra agire per corrodere la fiducia dei nostri cittadini, propinando l'illusione che i regimi che comprimono gli spazi di libertà garantiscano prestazioni più efficienti, maggiore dinamismo della crescita, più stimoli all'innovazione. È il grande bluff di questa epoca, un imbroglio. E il compito dell'Europa di domani è quello di dimostrare coi fatti che è un raggiro e che l'UE dei valori democratici e dello Stato di diritto è anche luogo di efficienza, sostenibilità, crescita inclusiva.

Per questo, anche per questo, ho scelto un titolo per il Rapporto che evocasse un legame tra il Mercato Unico e una rappresentazione dell'Europa più complessa: diritti e prosperità, sviluppo diffuso e opportunità. *Molto più di un mercato* vuol richiamare una sfida globale che ci vede come protagonisti in quanto europei, proprio a partire dai nostri valori. Valori dei quali dobbiamo essere fieri e che soprattutto devono ispirarci a comportamenti conseguenti. Il viaggio, in tal senso, è stato anche un grande esperimento di dialogo sociale europeo. L'ho iniziato proprio incontrando tutte le parti sociali: lavoratori, imprenditori, professionisti, artigiani, mondo delle cooperative. Prima a Stoccolma e Helsinki, poi a Bruxelles, Parigi e Madrid. Ovviamente anche in Italia, a Roma, con i leader e i gruppi dirigenti della Cgil, della Cisl e della Uil, in tre incontri belli e partecipati, e sui territori. Ovunque, sia pure con sfumature diverse, la percezione è stata sistematicamente duplice: grande potenziale, enorme debolezza.

Come dicevo, l'intermediazione è in crisi in tutto l'Occidente, difficile non cogliere questa difficoltà e rendersi conto di quanto essa sia strutturale. Molte sono le cause. In alcuni casi ne abbiamo già parlato a proposito delle proposte di azione contenute nel Rapporto. Ad esempio, abbiamo visto quanto la farraginosità delle procedure burocratiche comprometta i processi economici e ingeneri una richiesta pressante di accelerazione e semplificazione. All'Europa si chiede, anche, *speed*: velocità, prontezza, facilità. E questo da nord a sud, indipendentemente dalle peculiarità delle singole realtà visitate. Da Anversa a Barcellona, da Varsavia a Dublino, la prima richiesta è stata quella di cambiare passo e di raggiungere la stessa velocità che altri sistemi sono oggi in grado di imprimere.

Proprio il paragone con altre parti del mondo, nelle quali si è riusciti a digitalizzare e a investire in innovazione più massicciamente di quanto si faccia in Europa, sta creando uno spiazzamento decisamente complesso da gestire per le istituzioni nazionali dei vari Stati Membri e ancora più frustrante per le istituzioni europee. Il dialogo sociale appare a molti, a troppi, come un lusso inutile che non possiamo più permetterci. Assai spesso è stata questa la sintesi dei colloqui che ho avuto. Eppure, proprio l'aver voluto vivere questa esperienza come un esercizio collettivo, frutto anzitutto di un approfondito dialogo sociale, mi ha restituito con grande efficacia anche l'altra faccia della medaglia: il potenziale inespresso, la vivacità delle nostre società, la pluralità di esperienze e sollecitazioni che può e deve trasformarsi in elemento di vantaggio competitivo per l'Europa nel suo complesso. Da queste esperienze e sollecitazioni ho tratto quel senso di urgenza che ho voluto trasferire nelle riflessioni e nelle proposte del Rapporto.

È stato così per gli imprenditori, per i sindacalisti, per gli esponenti del mondo finanziario e di quello associativo. Da ciascuno di loro ho colto una proposta, un dato, una preoccupazione, una sfumatura. Alle volte più che l'occasione pubblica ufficiale poterono la cena e il bicchiere di vino a margine dell'incontro. Sì, perché il viaggio è stato anche un modo per conoscere meglio e condividere abitudini, consumi, socialità. Così come è stato fondamentale per avere un quadro esaustivo dei problemi andare fisicamente in luoghi in genere estranei ai circuiti delle missioni istituzionali, ad esempio, nella fabbrica nei canali del Porto di Anversa o tra gli edili nella sede del loro sindacato per parlare in concreto della questione della sicurezza sul lavoro, dei subappalti, della corsa al massimo ribasso.

È questa, in definitiva, l'essenza del dialogo sociale. C'è tutto dentro. C'è il principio della rappresentanza e quello dell'ascolto, c'è l'attenzione al ruolo dei territori e il fondamentale rispetto del principio di sussidiarietà. Senza dialogo sociale non c'è crescita inclusiva, non c'è sostenibilità. Senza, ci sono solo scorciatoie e un simulacro di efficientismo e decisionismo che alla lunga non regge la prova della complessità del mondo in cui viviamo.

Il Vertice di La Hulpe dell'aprile del '24, in particolare, ha riconfermato l'enorme potenziale del dialogo sociale. Tra tutti, l'intervento di Enrico Giovannini – altro italiano, accanto a Mario Draghi e al sottoscritto, chiamato dalla Commissione e dalla Presidenza belga a immettere idee nuove nei progetti europei del prossimo quinquennio –, bravo a convincere, nella due giorni del summit, decisori politici ed esperti dell'importanza di una giusta valutazione dell'impatto sociale degli investimenti.

Nel Rapporto sono contenuti numerosi spunti, idee e commenti emersi proprio grazie a questo metodo. Per me è stata una novità; in moltissime circostanze in Italia, nei differenti ruoli che ho rivestito, ho vissuto esperienze di concertazione: da un lato come un dovere istituzionale, dall'altro con la convinzione che quella del confronto e dell'ascolto fosse la strada giusta. Mai invece mi era capitato di fare l'appassionante esperienza di confrontare le diverse forme di interpretare il dialogo sociale in Europa. E neppure di comprendere quanto frustrante sia l'esperienza sul campo per i vari attori in gioco. L'ho capito parlando con gli imprenditori a Vienna come a Vilnius, a Gand come a Vicenza. Ma l'ho capito in particolare all'Assemblea della Confederazione europea dei sindacati (ETUC) a Bruxelles, quando, davanti ai rappresentanti di tutte le sigle sindacali nazionali, ho chiesto chi fosse davvero contento, o quantomeno non completamente insoddisfatto, dell'esperienza del dialogo sociale nel proprio Paese. In tutta la platea, una sola mano alzata, quella della sindacalista svedese. Gli altri delegati sembravano piuttosto alla ricerca di una nuova fase, di una nuova pista di lavoro per rilanciare il ruolo e l'essenza stessa dell'intermediazione sociale. Il Rapporto vuole contribuire, nel merito e nel metodo, a questa ricerca.

1. Bruxelles, 19 settembre 2023. Un dibattito ricco di spunti al Parlamento europeo con la Commissione per il mercato interno e la protezione dei consumatori.

2. Ginevra, 7 ottobre 2023. Visita al Cern, il più grande laboratorio al mondo di fisica delle particelle.

3. Berlino, 30 novembre 2023. Bici innevate in una gelida giornata invernale.

4. Stoccolma, 1° dicembre 2023. L'accoglienza presso la sede centrale di Ericsson poco fuori il centro della città.

5. Madrid, 19 dicembre 2023. Al Palazzo della Moncloa con il capo del governo spagnolo Pedro Sanchez, presidente di turno del Consiglio dell'Unione Europea nel secondo semestre del 2023.

6. Bruxelles, 31 gennaio 2024. La commovente cerimonia della Commissione Europea per commemorare Jacques Delors.

7. Copenhagen, 21 febbraio 2024. Un passaggio al Palazzo di Christiansborg, sede del Parlamento danese, chiamato in gergo «Borgen» – in italiano «castello» – da cui ha preso il nome la nota serie TV sulla politica danese.

8. Natolin, 27 febbraio 2024. Al Collegio d'Europa a discutere di prospettive future con studenti e studentesse da tutta Europa.

9. Bratislava, 5 marzo 2024. Passeggiata serale nel centro storico dopo una cena con il direttore dell'Autorità Europea del Lavoro e dopo l'incontro con il premier Robert Fico.

10. Lubiana, 11 marzo 2024. Uno scatto del centro città prima dell'incontro con il primo ministro sloveno Robert Golob.

11. Zagabria, 12 marzo 2024. Lasciando un pensiero sul libro delle firme al palazzo del governo croato prima dell'incontro con il primo ministro Andrej Plenković.

12. Bologna, 16 marzo 2024. A confronto con Romano Prodi sul futuro dell'UE nella mansarda della sua casa.

13. Bruxelles, 20 marzo 2024. I trattori degli agricoltori europei in protesta tra i palazzi delle istituzioni UE.

14. Bruxelles, 18 aprile 2024. La presentazione del Rapporto al Consiglio presieduto da Charles Michel. Due ore di dibattito sui contenuti e le prospettive del Rapporto coi leader europei.

15. Bruxelles, 18 aprile 2024. Con la presidente Ursula Von der Leyen e il premier belga Alexandre De Croo – anche presidente di turno del Consiglio dell'UE nel primo semestre del 2024 – a margine della conferenza stampa di presentazione del Rapporto.

16-17. Riga, 30 maggio 2024. La città di Riga ha deciso di cambiare il nome della via in cui si trova l'Ambasciata russa in «via dell'indipendenza dell'Ucraina»; in basso: cartellone con l'immagine di Putin, di fronte all'ufficio dell'ambasciatore russo.

Sintesi del Rapporto
“Molto più di un mercato”

Il nuovo Mercato Unico per un mondo più grande

Il Mercato Unico è il prodotto di un'epoca in cui la vecchia Europa e il mondo erano più «piccoli», più semplici e meno integrati, e molti dei protagonisti di oggi non erano ancora entrati in scena. Quando Jacques Delors concepì e presentò il Mercato Unico, nel 1985, l'Unione era ancora Comunità. Il numero degli Stati membri era meno della metà di quello attuale. Le Germanie erano due ed esisteva l'Unione Sovietica. La Cina e l'India insieme costituivano meno del 5% dell'economia globale e l'acronimo BRICS era sconosciuto. L'Europa, al pari degli Stati Uniti, era al centro dell'economia mondiale in termini di peso economico e capacità di innovazione, e rappresentava un terreno fertile per lo sviluppo e la crescita.

Il Mercato Unico è stato istituito per rafforzare l'integrazione europea, eliminando le barriere commerciali, garantendo una concorrenza leale e promuovendo la cooperazione e la solidarietà tra gli Stati membri. Ha facilitato la libera circolazione di beni, servizi, persone e capitali attraverso l'armonizzazione e il riconoscimento reciproco. Inoltre, per garantire che tutte le regioni potessero beneficiare in egual misura delle opportunità di mercato, vennero introdotti i Fondi di coesione. Questo approccio globale è stato fondamentale per promuovere l'integrazione economica e lo sviluppo di tutta l'UE. Pensato per il mondo di allora, si è così rivelato fin dall'inizio un formidabile catalizzatore per l'economia europea, oltre che un potente fattore di attrattività.

Oggi, a più di trent'anni dalla sua nascita, il Mercato Unico continua a essere una pietra miliare dell'integrazione e dei valori europei, rappresentando un motore per la crescita, la prosperità e la solidarietà. Tuttavia, nel corso dei decenni lo scenario internazionale è profondamente mutato, imponendo la necessità di un cambiamento. Lungi dall'essere uno strumento di natura meramente tecnica, il progetto è intrinsecamente politico. Il suo futuro è, dunque, connesso agli obiettivi strategici dell'UE e al contesto in cui essa agisce. Pertanto, non può e non deve essere considerato un'impresa conclusa; piuttosto, è un progetto in divenire, cui è urgente fornire strumenti e procedure all'altezza delle dinamiche della contemporaneità.

Proprio per la sua natura in continua evoluzione, il Mercato Unico è spesso stato oggetto di tentativi di aggiornamento e integrazione. Dall'elaborazione dell'Atto unico europeo in poi, infatti, si è dipanato un costante lavoro di riflessione concettuale, che si è tradotto nell'elaborazione di relazioni e piani d'azione, in particolare da parte della Commissione europea e dei suoi commissari. Su questa linea, nel 2010, il Rapporto Monti ha fornito una rivalutazione critica e formulato raccomandazioni preziose per il suo rilancio. Il mio Rapporto si colloca in questo *continuum*, con l'obiettivo di una riforma in grado di reggere all'urto di anni di crisi e di sfide esterne che hanno messo a dura prova la tenuta del Mercato Unico.

Anche l'Europa è ovviamente cambiata radicalmente da quando è stato lanciato il Mercato Unico, in gran parte grazie al suo stesso successo. L'integrazione ha raggiunto livelli elevati in molti settori dell'economia e della società, anche se non in tutti, e l'80% della legislazione nazionale deriva da decisioni adottate a Bruxelles. Tuttavia, con 27 Stati membri, la diversità e la complessità del sistema giuridico in vigore in Europa sono aumentate in modo significativo, così come i potenziali benefici derivanti dalle economie di scala. Questi sviluppi non ci permettono più di affidarci alla semplice convergenza delle legislazioni nazionali e al riconoscimento reciproco, che sono diventati troppo lenti e complessi, o semplicemente insufficienti, per beneficiare delle economie di scala.

Diversi fattori richiedono un aggiornamento dei punti cardinali del Mercato Unico e un allineamento alla nuova visione dell'Unione in un mondo che si è «allargato» e ha subito importanti trasformazioni strutturali. Prima di tutto, la demografia e il contesto geoeconomico che sono stati rivoluzionati negli ultimi tre decenni: la quota dell'UE nell'economia globale è diminuita e la sua rappresentanza tra le maggiori economie mondiali si è nettamente ridotta a favore delle realtà asiatiche in crescita. Questa tendenza è in parte determinata dai cambiamenti demografici, con l'UE che deve far fronte alla contrazione e all'invecchiamento della popolazione. A differenza della crescita osservata in altre regioni, il tasso di natalità all'interno dell'Unione Europea è in allarmante calo, con 3,8 milioni di bambini nati nel 2022, una diminuzione rispetto ai 4,7 milioni di nascite registrate nel 2008. Inoltre, anche senza considerare le economie asiatiche, il Mercato Unico dell'UE è in ritardo rispetto a quello statunitense. Nel 1993, le due aree economiche avevano dimensioni comparabili. Tuttavia, mentre negli Stati Uniti il PIL pro capite è aumentato di quasi il 60% dal 1993 al 2022, in Europa l'incremento è stato inferiore al 30%.

Sullo sfondo, anche l'ordine internazionale basato sulle regole è entrato in una fase nuova, segnata dalla rinascita della politica di potenza. L'Unione Europea è tradizionalmente impegnata nel multilateralismo, nel libero scambio e nella cooperazione internazionale, principi che hanno costituito la base della sua governance globale e delle sue strategie economiche. Questi valori hanno a lungo guidato le interazioni dell'UE sulla scena internazionale, promuovendo un ordine fondato sulle regole, in linea con l'*ethos* fondativo europeo e con le sue politiche pubbliche. Tuttavia, da anni guerre e conflitti commerciali stanno minando i principi del sistema internazionale, ponendo minacce significative all'UE. La guerra di Vladimir Putin contro l'Ucraina ha rappresentato una frattura, una cesura dopo la quale nulla potrà mai più essere uguale al mondo di prima. La nuova postura europea si è concretizzata con la Dichiarazione di Versailles del marzo 2022, seguita poi dalla Dichiarazione di Granada dell'ottobre 2023 e dalla Strategia di sicurezza economica della Commissione europea, recentemente aggiornata.

Il successo dell'Unione Europea poggia sui pilastri del libero scambio e dell'apertura. La compromissione di questi ideali minaccia le fondamenta stesse dell'UE. Dobbiamo quindi affrontare il complesso quadro internazionale con l'obiettivo di preservare la pace e sostenere l'ordine internazionale basato sulle regole, garantendo al contempo la sicurezza economica dell'Unione. In questo complesso sforzo, è essenziale continuare a investire nel miglioramento e nella promozione degli standard europei, rafforzando il ruolo del Mercato Unico come piattaforma solida che sostiene l'innovazione, salvaguarda gli interessi dei consumatori e promuove lo sviluppo sostenibile.

Un'altra dimensione cruciale da affrontare riguarda il perimetro del Mercato Unico. All'inizio tre settori sono stati deliberatamente tenuti fuori dal processo di integrazione, considerati troppo strategici perché il loro funzionamento e la loro regolamentazione si estendessero oltre i confini nazionali: finanza, telecomunicazioni ed energia. L'esclusione all'epoca era motivata dalla convinzione che dare priorità al controllo nazionale su questi settori avrebbe servito meglio gli interessi domestici. Tuttavia, i mercati nazionali, inizialmente concepiti per proteggere le industrie nazionali, rappresentano oggi un freno importante alla crescita e all'innovazione in settori in cui la concorrenza globale richiede un rapido passaggio alla scala europea. Anche all'interno del perimetro originario, il Mercato Unico necessita poi di una revisione: in particolare, la fornitura di servizi all'interno dell'UE continua a incontrare ostacoli significativi che devono essere affrontati e rimossi per liberare il pieno potenziale dell'integrazione europea.

La riforma del Mercato Unico nel nuovo contesto globale impone un forte impegno politico. Questo nuovo quadro deve essere in grado di proteggere le libertà fondamentali, in un quadro di equa concorrenza, sostenendo al contempo l'obiettivo di istituire una politica industriale europea dinamica ed efficace. Per raggiungere questi obiettivi ambiziosi, abbiamo bisogno di velocità, di scala e soprattutto di risorse finanziarie sufficienti.

Uno sforzo collettivo per un nuovo Mercato Unico: 400 incontri, 65 città europee

Durante il viaggio attraverso l'Europa che ha accompagnato l'elaborazione del Rapporto, dal settembre 2023 all'aprile 2024, ho visitato 65 città europee e ho partecipato a più di 400 incontri in cui ho avuto l'opportunità di interagire, con un metodo di ascolto attivo e di discussione aperta, con migliaia di persone in tutto il continente. Il dialogo ha coinvolto tutti i governi nazionali e le principali istituzioni europee, oltre a tutti i gruppi politici del Parlamento europeo. Allo stesso modo, al di fuori dell'UE, si è discusso con i Paesi che condividono il Mercato Unico senza essere membri dell'UE e con tutti i Paesi candidati all'adesione. Le parti sociali – sindacati e associazioni imprenditoriali – così come il terzo settore, i rappresentanti dei servizi di interesse generale, dei consumatori e i gruppi della società civile, sono stati consultati, spesso più volte, sia a Bruxelles sia nelle varie capitali nazionali. Inoltre, sono stati organizzati numerosi incontri con i cittadini e dibattiti nelle università o all'interno di think tank, anche nelle aree interne e rurali.

Questo percorso ha contribuito allo sviluppo di una riflessione collettiva dinamica sul futuro del Mercato Unico. In quanto autore del Rapporto, mi assumo naturalmente la piena responsabilità delle analisi e delle proposte in esso contenute. Tuttavia, per formularle, l'ascolto e l'interazione itinerante in tutta Europa si sono rivelati fondamentali.

Durante questo viaggio, ho anche sperimentato in prima persona il paradosso più evidente delle infrastrutture dell'UE: l'impossibilità di viaggiare in treno ad alta velocità tra le capitali europee. In un continente piccolo e densamente popolato come il nostro, che ha anche intrapreso la strada della sostenibilità ambientale, sarebbe stato naturale viaggiare in treno, il mezzo di trasporto verde per eccellenza. Tuttavia, ciò è attualmente impossibile e non sembra destinato a cambiare nel prossimo futuro, dal momento che i piani operativi concreti rimangono solo teorici. Si tratta di una profonda contraddizione, emblematica dei problemi del Mercato Unico. In effetti, il nostro continente ha sviluppato rapidamente ed efficacemente il sistema ferroviario ad alta velocità, ma ad eccezione dell'asse Parigi-Bruxelles-Amsterdam, esso è rimasto all'interno dei confini nazionali. Non siamo nemmeno riusciti a collegare le tre principali capitali europee: Bruxelles, Strasburgo e Lussemburgo. Nonostante l'alta velocità abbia trasformato il paesaggio economico e sociale interno di molti Paesi europei, migliorando la mobilità e le opportunità di sviluppo, questi benefici non si sono estesi a tutto il Mercato Unico. Ciò è dovuto agli incentivi fiscali, che sono per lo più nazionali e svantaggiano gli operatori internazionali. L'industria è preparata e ha lanciato diverse iniziative di successo, ma è necessario un approccio europeo alla regolamentazione e agli incentivi fiscali, piuttosto che uno nazionale. I prossimi anni dovranno dare priorità alla pianificazione, al finanziamento e all'attuazione di un grande piano per collegare le capitali europee con l'alta velocità. Questo progetto deve diventare uno dei pilastri della transizione verde, giusta e digitale. Può mobilitare energie e risorse e, soprattutto, può dare risultati graduali a beneficio non solo delle generazioni future, ma anche di quelle attuali.

Le ispirazioni tratte dal mio viaggio in Europa sono state numerose e motivanti. Tuttavia, tra i molti temi affrontati nei dibattiti europei e nazionali, uno è emerso come predominante ovunque. Si tratta della questione del sostegno e del finanziamento degli obiettivi che tutti insieme abbiamo identificato come centrali per i prossimi anni e che l'UE sembra aver ormai abbracciato in modo irreversibile. Si tratta di scelte coraggiose e positive che accompagneranno la vita europea per almeno un decennio e saranno vitali per noi e per i futuri cittadini europei. Queste scelte, oltre a offrire notevoli opportunità, comporteranno inevitabilmente anche costi significativi.

In primo luogo, l'impegno per una transizione verde, giusta e digitale. Questa scelta riflette un impegno a lungo termine per trasformare la società e l'economia europea in modo sostenibile ed equo. La prossima legislatura è considerata cruciale per garantire l'attuazione e il successo di questa transizione.

In secondo luogo, la decisione di proseguire l'allargamento. L'attenzione non si concentra solo sull'obiettivo in sé, ma sull'attenta esecuzione della sua realizzazione. Stabilire una chiara direzione per l'integrazione dei nuovi membri nell'UE rappresenta una delle principali sfide per i prossimi anni.

In terzo luogo, la necessità di rafforzare la sicurezza dell'UE. Nel nuovo disordine mondiale, caratterizzato da una profonda e sistemica instabilità, il futuro dell'UE non può prescindere dalla necessità di garantire la sicurezza dei cittadini europei. Ciò implicherà posizioni e decisioni più impegnative nel campo della difesa.

Sembra ormai certo che queste tre principali direzioni strategiche guideranno l'UE nei prossimi anni. Non si tratta più di stabilire se l'Europa imboccherà queste strade, ma di capire come lo farà. Questo sarà certamente un dibattito acceso. Ne ho avuto una chiara percezione nei numerosi incontri durante il viaggio, dove le discussioni sono state ovunque costruttive ma piuttosto vivaci. Allo stesso modo, ho avuto anche un'altra netta impressione: per i cittadini europei è chiaro che perseguire questa strada comporterà alti costi collettivi. Pertanto, finché non ci sarà chiarezza e trasparenza su come verranno individuati questi fondi e su chi li pagherà, la preoccupazione tra i cittadini stessi e tra le forze vitali delle nostre società sarà sempre maggiore. Per evitare contraccolpi politici, la questione del sostegno finanziario e della ripartizione dei costi per la transizione, l'allargamento e le nuove frontiere della sicurezza deve trovare risposte chiare, dirette e trasparenti.

La costruzione del Mercato Unico del futuro sarà una delle condizioni fondamentali per soddisfare queste esigenze di finanziamento. La mia analisi non va oltre il mandato ricevuto dal Consiglio Europeo e dalla Commissione – sviluppato nell'ambito dell'attuale trio di presidenza belga, spagnola e ungherese del Consiglio dell'UE – e mira a fornire un contributo il più possibile concreto e operativo ai programmi di lavoro di queste istituzioni e al rapporto di Mario Draghi sul futuro della competitività europea.

Il Mercato Unico non è un concetto astratto, ma è la pietra angolare del processo di integrazione dell'UE. Per svilupparne uno efficiente, in grado di creare le condizioni per far prosperare l'Europa, è necessario che tutti – istituzioni dell'UE, Stati membri, imprese, cittadini, lavoratori e società civile – svolgano il proprio ruolo. L'incapacità di ciascuno nel farlo equivale al fallimento dell'intera catena.

L'imminente definizione del quadro finanziario pluriennale rappresenta un momento critico per le ambiziose proposte illustrate nel presente rapporto, sfidando tutti gli attori a riaffermare la loro dedizione allo sviluppo di un nuovo Mercato Unico. La prossima legislatura, dal 2024 al 2029, offre un'opportunità strategica per portare avanti questa visione. Tenendo conto delle nuove tendenze economiche e della concorrenza globale, questo periodo potrebbe catalizzare una trasformazione significativa del Mercato Unico in un vero e proprio «mercato europeo», ponendo le basi per un salto di qualità complessivo del nostro quadro economico integrato.

Una quinta libertà per un nuovo Mercato Unico

Il framework del Mercato Unico e le sue quattro libertà – la libera circolazione di persone, beni, servizi e capitali – si basano fondamentalmente su principi teorici del XX secolo. Ciò risulta particolarmente evidente se si considera come questa categorizzazione appaia ormai superata. Non riesce a cogliere gli aspetti intangibili dell'economia digitale. Non riflette infatti più le dinamiche di un mercato in rapida evoluzione, sempre più plasmato dalla digitalizzazione, dall'innovazione e dagli effetti del cambiamento climatico. Basti pensare a come la distinzione tra beni e servizi sia diventata sempre più sfumata, con i secondi spesso parte integrante e vero valore aggiunto dei primi.

In un'epoca in cui la componente tecnologica ricopre un ruolo sempre più strategico, l'Europa deve riuscire a tenere il passo dei rapidi cambiamenti a cui stiamo assistendo su scala globale. Tuttavia, finora, il continente non è riuscito a sviluppare settori industriali o un ecosistema in grado di fare proprio il potenziale offerto dalle nuove generazioni di tecnologie a disposizione. Tale mancanza ha determinato una dipendenza delle industrie europee nei confronti di tecnologie sviluppate all'estero, che risultano ora vitali perché insostituibili. La difficoltà dell'Unione Europea nel convertire il potenziale offerto dalla propria capacità di ricerca in industrie europee competitive sui mercati globali deriva da diversi fattori. Una politica tecnologica di stampo veramente europeo è necessaria per rendere possibili quegli ingenti investimenti di lungo termine di cui l'UE ha bisogno per uno sviluppo tecnologico ambizioso.

Negli ultimi anni l'Unione Europea ha adottato diverse norme per regolamentare, con successo, il settore del digitale. Così facendo ha sia evitato una frammentazione del Mercato Unico, che sarebbe altrimenti potuta derivare dall'introduzione di regole nazionali da parte dei singoli Stati membri, sia svolto un'importante forma di difesa nei confronti di influenze regolatorie estere. Tuttavia, un approccio esclusivamente regolatorio non può da solo stimolare l'innovazione di cui abbiamo bisogno per realizzare i nostri obiettivi. Attualmente, l'Unione Europea può contare su un enorme capitale di dati, competenze e startup. Questo capitale è però oggi fortemente sottoutilizzato. Il rischio concreto è che, se non saremo noi a sfruttarlo, saranno altri soggetti extra UE (Stati o aziende) a farlo. Il danno che ne deriverebbe per la nostra autonomia strategica e la nostra sicurezza economica sarebbe enorme.

L'intelligenza collettiva del XXI secolo, potendo contare su tecnologie che permettono di combinare conoscenze e competenze delle persone con dataset nuovi per quantità e qualità delle informazioni raccolte, ha il potenziale per trasformare il modo in cui comprendiamo il mondo, in cui agiamo e in cui progettiamo il futuro. Per raggiungere questo obiettivo, è fondamentale stimolare l'innovazione e favorire lo sviluppo di ecosistemi industriali all'avanguardia, in grado di far nascere e sviluppare in Europa aziende e soggetti di rilevanza globale. La creazione di una solida infrastruttura tecnologica europea rappresenta una sfida strategica che richiede un cambiamento di governance. Si tratta di conferire maggiore peso a una politica industriale di scala europea, in grado di superare i confini nazionali. È indispensabile attuare strategie europee, caratterizzate da una visione comune e da un coordinamento centralizzato, in grado di attirare ingenti investimenti privati. Senza la presenza di importanti società tecnologiche europee, l'Europa continuerà a essere soggetta a rischi enormi per la propria sicurezza.

È quindi fondamentale sfruttare appieno il potenziale del Mercato Unico. L'Europa ha l'imperativo urgente di promuovere la conoscenza e l'innovazione, dotando gli individui, le imprese e gli Stati membri delle competenze, delle infrastrutture e della possibilità di effettuare investimenti necessari per consentire una prosperità diffusa e una leadership industriale.

Verso la fine del suo mandato, Jacques Delors ha accennato alla necessità di esplorare una nuova dimensione del Mercato Unico. Una potenziale soluzione è rappresentata dall'aggiunta di una quinta libertà alle quattro esistenti, per potenziare la ricerca, l'innovazione e la formazione nel Mercato Unico. L'integrazione della quinta libertà nel quadro del Mercato Unico ne rafforza il ruolo di pietra angolare dell'integrazione europea. Trasformerebbe le conoscenze disperse e le disparità oggi esistenti in opportunità di crescita, innovazione e inclusione. Un ambiente competitivo per la ricerca di frontiera e la nascita di nuovi modelli innovativi di business è essenziale per massimizzare l'interesse pubblico ed evitare una concentrazione in mano a pochi soggetti privati del valore derivante dalla raccolta e dalla profilazione dei dati. Pertanto, la quinta libertà non si limita a facilitare la circolazione dei risultati della ricerca e dell'innovazione, ma implica mettere la ricerca e i fattori abilitanti l'innovazione al centro del framework del Mercato Unico, promuovendo così un ecosistema in cui la diffusione della conoscenza favorisca allo stesso tempo la crescita economica, il progresso sociale e lo sviluppo culturale. La quinta libertà sosterrà così l'Unione Europea nel posizionarsi come leader globale non solo nella definizione di standard etici per l'innovazione e la diffusione della conoscenza, ma anche nel ruolo di creatrice di nuove tecnologie, sviluppate e impiegate nel rispetto della libertà, della privacy, della sicurezza e a beneficio della collettività.

Dare concreta attuazione alla quinta libertà richiede un approccio di ampio respiro, capace di ricomprendere al suo interno iniziative politiche, investimenti infrastrutturali, framework di cooperazione tra soggetti diversi e un impegno costante per promuovere l'innovazione, la scienza aperta e l'alfabetizzazione digitale. Il Rapporto presenta allora sia spunti di riflessione che proposte concrete, da esplorare e approfondire. Tra le sue prime iniziative faro, la prossima Commissione europea dovrebbe sviluppare, in consultazione con tutte le istituzioni dell'UE e gli Stati membri, un piano d'azione ambizioso per delineare e dare attuazione alla quinta libertà.

Tra i settori che più potranno beneficiare dell'istituzione della quinta libertà, spicca la sanità. Il suo ruolo strategico, reso drammaticamente evidente dalla pandemia, pone infatti il settore nella condizione di sfruttare al meglio il nuovo framework proposto. Ciò è tanto più importante se si considera che il settore sanitario dell'Unione Europea ha urgente bisogno di una spinta al rilancio. La crescente dipendenza dell'UE da fornitori esteri per quanto riguarda principi attivi, componenti e prodotti farmaceutici ha infatti determinato un calo sostanziale della capacità di produzione europea. Inoltre, la fuga di talenti europei al di fuori dell'UE, alla ricerca di migliori opportunità lavorative, sta seriamente minando la capacità di innovazione europea anche in questo settore. Alla luce di queste sfide, a cui si aggiungono quella demografica e quelle rese possibili da uno scenario di incertezza globale, è fondamentale che l'UE intervenga per garantire a tutti i suoi cittadini un accesso sostenibile all'assistenza sanitaria. Una maggiore integrazione del settore sanitario nel quadro del Mercato Unico si rende quindi necessaria, anche per sfruttare al meglio le opportunità offerte dalla quinta libertà.

Un Mercato Unico per giocare in grande

I cambiamenti demografici e la ristrutturazione dell'economia globale rischiano di compromettere il ruolo complessivo dell'Unione Europea nel mondo. Tuttavia, non è affatto scontato che questo declino di influenza sia irreversibile. Con adattamenti strategici, abbiamo il potenziale per affrontarlo. L'UE può ancora beneficiare di risorse di grande impatto, ma non sarà sufficiente affidarsi esclusivamente alle capacità esistenti. L'influenza futura dell'Europa dipenderà dalle prestazioni e dalla scalabilità delle sue aziende. Oggi le imprese europee soffrono di un grave deficit dimensionale rispetto ai propri concorrenti globali, soprattutto Stati Uniti e Cina. Questa disparità ci penalizza in numerosi ambiti: innovazione, produttività, creazione di posti di lavoro e, in ultima analisi, la sicurezza dell'UE. Pertanto, è fondamentale sostenere le grandi imprese dell'UE a diventare più grandi e a competere sulla scena globale. Ciò può consentire di diversificare le catene di approvvigionamento, attrarre investimenti esteri, sostenere gli ecosistemi dell'innovazione e proiettare un'immagine più forte dell'UE. In definitiva, un'economia fiorente sostenuta da aziende solide mette l'intera Unione nella posizione di negoziare accordi commerciali più favorevoli, definire standard internazionali e affrontare con successo crisi e sfide globali senza precedenti.

Consentire alle imprese dell'UE di crescere all'interno del Mercato Unico è un imperativo economico, ma anche strategico. Tuttavia, non tutte le imprese e i mercati dell'UE hanno bisogno di dimensioni maggiori. Non dobbiamo imitare modelli che si discostano nettamente dal nostro e che non si adattano alla realtà europea. Il nostro paradigma, che si basa sul legame essenziale tra grandi e piccole imprese salvaguardando attivamente la parità di condizioni, deve essere preservato. Questo modello è una forza fondamentale e la base della nostra economia sociale di mercato. Non si può permettere a nessuna azienda di crescere minando la concorrenza leale, che è alla base della protezione dei consumatori e del progresso economico. Allo stesso tempo, l'attuazione del principio di concorrenza leale non deve portare al dominio dei mercati europei da parte di grandi aziende straniere che beneficiano di regole favorevoli nei propri mercati nazionali.

La mancanza di integrazione nei settori finanziario, energetico e delle comunicazioni elettroniche è una delle ragioni principali del declino della competitività europea. Come già osservato in precedenza, stiamo affrontando le conseguenze delle decisioni prese quando il mondo era «più piccolo» per mantenere un orientamento prevalentemente nazionale in questi settori. È urgente recuperare e rafforzare la dimensione del Mercato Unico per i servizi finanziari, l'energia e le comunicazioni elettroniche. Ciò comporta la creazione di un quadro integrato tra il livello europeo e quello nazionale. Questo modello prevede un approccio a due livelli, con un'autorità centralizzata dell'UE responsabile di garantire la coerenza delle norme che hanno una dimensione di Mercato Unico, mentre le questioni che per dimensioni o rilevanza rimangono nazionali dovrebbero essere trattate da autorità nazionali indipendenti all'interno di un quadro comune. In questo quadro, ogni entità deve avere un ruolo definito, poiché una solida collaborazione tra i livelli europeo e nazionale garantisce l'efficacia del sistema. I mercati in questione devono evolvere verso una dimensione europea, superando i confini nazionali che attualmente impediscono una concorrenza sostanziale con i conglomerati americani, cinesi o indiani. Individuando quello europeo come mercato rilevante, possiamo finalmente consentire alle forze di mercato di guidare il consolidamento e la crescita di scala, nel pieno rispetto dei principi, degli obiettivi e delle regole europee.

Diverse decisioni chiave recentemente delineate in documenti ufficiali – tra cui la dichiarazione del Consiglio direttivo della BCE sull'avanzamento dell'Unione dei mercati dei capitali, la dichiarazione dell'Eurogruppo in formato inclusivo sul futuro dell'Unione dei mercati dei capitali e il Libro bianco della Commissione *How to master Europe's digital infrastructure needs?* – si stanno muovendo in una direzione favorevole, registrando un crescente consenso. Questa tendenza è evidente anche nelle scelte fatte dalle istituzioni europee in materia di indipendenza energetica e di ristrutturazione del mercato dell'elettricità e del gas.

Per sfruttare appieno i vantaggi del Mercato Unico nel settore dell'energia, nei prossimi anni sarà necessario un ulteriore salto di qualità nell'interconnettività e un investimento massiccio nelle reti infrastrutturali europee, dal potenziamento delle reti di trasporto e distribuzione dell'elettricità alla costruzione di un'infrastruttura per l'idrogeno. Ciò consentirà di massimizzare il potenziale dell'Europa nel settore delle rinnovabili, di assicurare un approvvigionamento di energia sicuro e a prezzi più bassi e di ampliare le scelte delle imprese per la fornitura energetica.

In questo contesto, anche se l'UE sarà sempre più in grado di generare al proprio interno l'energia necessaria man mano che progredirà verso un futuro a zero emissioni, sul medio periodo l'economia europea dovrà continuare a importare parte dell'energia dal resto del mondo, e quindi dovrà sviluppare strategicamente una rete di infrastrutture che la colleghi a partner affidabili.

Nel Rapporto vengono individuate precise *road map* per accelerare l'integrazione nei settori della finanza, dell'energia e delle comunicazioni elettroniche, con particolare attenzione alla necessità di compiere progressi entro la prossima legislatura europea (2024-2029). Senza questi risultati essenziali, l'obiettivo della sicurezza economica europea e la creazione di un'efficace politica industriale europea sono fuori portata. Gli insegnamenti tratti dalle recenti crisi sottolineano la necessità impellente di passare dalla deliberazione all'azione decisiva.

Ci sono molti esempi di come le decisioni e le politiche stabilite a livello europeo abbiano determinato le politiche in altre parti del mondo. Gli standard tecnici in grado di soddisfare le diverse esigenze dei 27 Stati membri si sono dimostrati validi anche per le esigenze di altri Paesi del mondo. Un Mercato Unico più forte determinerà standard che diventeranno un riferimento globale, rendendo più facile per le aziende europee fornire beni e servizi al resto del mondo. Un grande mercato europeo contribuirà, quindi, a rendere il mercato globale più *europeo*.

Un vero Mercato Unico per le reti e i servizi di comunicazione elettronica

Le telecomunicazioni rappresentano uno dei settori in cui le politiche di liberalizzazione, sostenute da una regolamentazione pro-concorrenziale a livello europeo, hanno funzionato meglio: nuovi operatori hanno sfidato gli ex monopolisti; i prezzi per i clienti finali sono diminuiti; il passaggio alla rete in fibra ottica è progredito, così come procedendo – seppur lentamente – l'evoluzione dalle reti 3G a quelle 5G. Tuttavia, differenze significative tra i risultati conseguiti dai diversi Stati membri e considerevoli gap di investimento fanno sì che ci sia ancora molta strada da fare per raggiungere gli obiettivi fissati a livello UE per il 2030 e per rispondere adeguatamente alle esigenze di connettività. Permangono importanti disparità tra i vari Paesi membri in termini di investimenti, modelli organizzativi, tessuto industriale e sviluppo del mercato, nonché in termini di copertura territoriale della banda ultralarga.

La persistente frammentazione a livello nazionale di norme e mercati ostacola la realizzazione del passo finale verso un Mercato Unico europeo delle comunicazioni elettroniche.

Nonostante l'attuazione del Regolamento sul Mercato Unico delle telecomunicazioni, che ha introdotto il «paradigma dell'Internet aperto» nell'*acquis* comunitario, nell'UE esistono ancora 27 distinti mercati nazionali delle comunicazioni elettroniche. Questa frammentazione limita le dimensioni e la possibilità di crescita di operatori paneuropei, rappresentando un freno alla loro capacità di investire, innovare e competere con le loro controparti globali. La differenza di dimensioni rispetto alle realtà extra UE è sorprendente: un operatore europeo ha in media solo 5 milioni di clienti, rispetto ai 107 milioni degli Stati Uniti e ai 467 milioni della Cina. Questa differenza si riflette negli investimenti, molto più bassi nell'UE.

I trend di lungo periodo prospettano quindi un calo persistente dei ricavi; pallidi miglioramenti sono previsti solo in un numero limitato di mercati nazionali per i servizi di rete fissa. Senza un intervento immediato, dunque, la sostenibilità economica dell'intero settore delle comunicazioni elettroniche dell'UE è a rischio, con costi che ricadrebbero su lavoratori e cittadini.

Le criticità sono molteplici. Da un lato va riconosciuto che la regolamentazione europea pro-concorrenziale ha portato, nel corso degli anni, benefici ai consumatori in termini di prezzo di accesso ai servizi (rispetto, ad esempio, agli Stati Uniti). Dall'altro lato, tuttavia, molti operatori del settore lamentano un eccessivo ingresso di *player* nel mercato, favorito da un approccio regolatorio che ha generato forti incentivi per un «ingresso eccessivo» da parte di gestori di piccole dimensioni e, di conseguenza, equilibri di mercato insostenibili e con scarsi incentivi agli investimenti innovativi. Oggi, con un mercato europeo che conta più di 100 operatori, mantenere il focus esclusivamente su una regolamentazione che favorisce l'ingresso di nuovi *player* mette a rischio la transizione tecnologica verso reti avanzate che richiedono ingenti investimenti.

Nei mercati della telefonia mobile, in cui l'accesso non è regolamentato, lo stesso risultato è stato ottenuto con un approccio antitrust focalizzato sull'ingresso nel mercato nel valutare le operazioni di concentrazione. Inoltre, le politiche sullo spettro radio, relative alle frequenze utilizzate per le TLC mobili e i servizi di telefonia fissa, sono ancora frammentate. Sebbene gli usi delle bande siano armonizzati a livello europeo, le assegnazioni dello spettro seguono ancora le norme nazionali in materia di tempistica, capacità e (compresi i requisiti di copertura). Anche le norme sui livelli di emissione elettromagnetica e le politiche in materia di infrastrutture delle torri sono frammentate. Tutto ciò impedisce la creazione di un Mercato Unico dello spettro radio e di operatori paneuropei su larga scala, con conseguenze negative in termini di investimenti e benefici per i consumatori finali. Due possibili azioni per affrontare questi problemi a breve e medio termine consistono nel garantire la convergenza dei limiti di esposizione sulla base della raccomandazione CE del 1999 sui livelli massimi di esposizione ai campi elettromagnetici (che deve essere riesaminata periodicamente per tenere conto delle prove scientifiche e dell'evoluzione degli orientamenti internazionali) e l'adozione di una posizione unificata dell'Unione Europea sulle prossime decisioni relative alla banda più alta 6 GHz.

Infine, un'altra questione critica riguarda l'evoluzione dei mercati digitali globali e dell'architettura di Internet, che ha portato a una relazione squilibrata tra i TLC e le grandi piattaforme online. Mentre la regolamentazione continuava a presumere il predominio degli operatori TLC nel mondo digitale, altri attori, quali le grandi piattaforme online, si sono imposti come *gatekeeper* nell'accesso ai servizi online, diventando di fatto i principali driver della domanda. In altre parole, la normativa settoriale vigente ha creato significative asimmetrie regolamentari tra gli operatori TLC e i grandi *gatekeeper* in numerosi mercati emergenti rilevanti. Le nuove regolamentazioni sui Servizi e sui Mercati Digitali (DSA e DMA) hanno iniziato a risolvere efficacemente questo squilibrio.

Su scala globale, le tecnologie digitali sono oggi fattori determinati per la produttività delle imprese e il benessere dei cittadini. Un settore delle comunicazioni elettroniche sicuro e in buona salute è fondamentale per realizzare la transizione verde, stimolare l'innovazione e rafforzare la resilienza dell'Unione Europea, soprattutto in termini di cybersicurezza. L'instabilità economica degli operatori potrebbe compromettere il benessere futuro dei consumatori, a causa di una diminuzione della qualità dei servizi offerti, di problemi di sicurezza e di disuguaglianze nell'accesso alla rete. Inoltre, tale instabilità potrebbe ostacolare la digitalizzazione delle industrie e dei servizi, riducendo la crescita e la competitività dell'Europa e dei singoli mercati nazionali.

Come accennato in precedenza la Commissione europea ha recentemente pubblicato un Libro Bianco sul tema *How to master Europe's digital infrastructure needs?*. Si tratta di un documento importante: illustra bene le attuali tendenze economiche e tecnologiche e apre la strada a un profondo ripensamento dei principali driver dei mercati delle comunicazioni elettroniche (obiettivi, architetture, R&S e quadro normativo). Lo scenario descritto nel Libro Bianco è dettagliato e fornisce lo sfondo su cui l'Europa deve procedere per rafforzare il suo settore delle comunicazioni elettroniche.

Un vero Mercato Unico per le Reti e i Servizi di Comunicazione Elettronica può aiutare a superare molte delle attuali inefficienze in modo coerente con i valori europei, i diritti dei cittadini e i principi dell'economia di mercato. Il percorso per raggiungere questo obiettivo è complesso e rende necessario un approccio graduale.

→ ROAD MAP →

Entro il 2024

- Facilitare la crescita e l'attrattività degli investimenti per gli operatori europei attraverso un approccio paneuropeo incentrato sul Mercato Unico europeo come mercato rilevante.
- Consolidare il Gigabit Infrastructure Act al fine di eliminare gli oneri amministrativi che ostacolano la diffusione delle reti.
- Fornire ulteriori orientamenti sulle norme in materia di neutralità della rete per tenere conto di casi d'uso innovativi come lo slicing della rete 5G.

Entro il 2025

- Eliminare gli ostacoli amministrativi e normativi, garantendo un quadro normativo unificato in tutta l'UE verso un'Autorità di regolamentazione europea e un approccio a due livelli con le ANR esistenti.
- Sviluppare un approccio di principio per promuovere l'innovazione e i servizi specializzati e al contempo mantenere i principi dell'Open Internet.

Entro il 2026

- Eliminare gli ostacoli normativi alle operazioni transfrontaliere attraverso un quadro generale comune per la sovranità digitale europea e per la cibersicurezza europea.

Entro il 2027

- Unificare la politica in materia di spettro radio per sostenere l'efficace sviluppo di un Mercato Unico delle comunicazioni elettroniche, concentrandosi sulla diffusione del 5G e delle tecnologie future.

Entro il 2029

- Adottare un quadro comune per l'assegnazione e le relative procedure competitive della banda alta a 6 GHz per l'IMT.

Un Mercato Unico per promuovere politiche energetiche e climatiche efficienti

L'energia non era uno dei settori centrali quando il progetto del Mercato Unico è stato lanciato nel 1992. Come osservato dal Rapporto Monti nel 2011, «il settore dell'energia è uno degli ultimi arrivati nel Mercato Unico». Il 2012 non segnerà il 20° anniversario del Mercato Unico dell'energia, ma solo l'inizio del consolidamento di un mercato comune dell'energia". Tuttavia, nel corso degli anni, l'integrazione del mercato dell'energia è progredita in modo significativo, al punto che il settore è divenetato una delle pietre angolari del Mercato Unico. Oggi il Mercato Unico dell'energia può essere per l'Europa la migliore risorsa per garantire la propria affermazione in un nuovo ordine globale.

Uscita da una crisi energetica senza precedenti, in un panorama geopolitico radicalmente mutato, l'Europa deve affrontare sfide considerevoli per gravità e urgenza. L'UE non può permettersi di perdere tempo, perché la competizione globale per la leadership nel settore delle tecnologie pulite si sta facendo sempre più serrata. Deve replicare il senso di urgenza e la determinazione ad agire dimostrati durante le recenti crisi anche nella sua azione operativa giorno per giorno, introducendo cambiamenti radicali in tutto il suo sistema energetico e aumentando la capacità di completare rapidamente progetti concreti.

L'invasione russa dell'Ucraina ha segnato un momento di svolta per il sistema energetico europeo. Ha modificato relazioni commerciali di lunga data e ridisegnato le dinamiche geopolitiche dell'approvvigionamento e del commercio di prodotti energetici. All'interno del Mercato Unico, la direzione dei flussi commerciali di gas ha subito una trasformazione sostanziale: l'UE ha diversificato i propri fornitori, con un minor coinvolgimento della Russia e un maggior affidamento al gas naturale liquefatto (GNL), i cui mercati sono più volatili e influenzati dagli Stati Uniti lato offerta e dalla Cina lato domanda. Al di fuori dei confini europei, le principali economie globali e quelle emergenti stanno accelerando la loro transizione energetica e intensificando gli investimenti nelle tecnologie pulite, aumentando così la pressione sugli ecosistemi industriali europei.

La gravità senza precedenti della crisi ha portato il mercato energetico dell'UE vicino a un punto di rottura. Alcuni Stati membri hanno valutato seriamente di introdurre, o hanno effettivamente introdotto, restrizioni temporanee all'esportazione di gas, per preservare la sicurezza dell'approvvigionamento per i consumatori nazionali.

I governi europei si sono inoltre affrettati a recarsi nei Paesi esportatori di gas con missioni di diplomazia energetica al fine di garantirsi forniture alternative di gas da partner affidabili, mettendosi in competizione uno con l'altro per assicurarsi a prezzi sempre più elevati forniture cruciali a scapito dei concorrenti. Sono stati introdotti regimi di tassazione e sussidi nazionali per contenere l'aumento dei prezzi e alleviare l'onere per le famiglie e le imprese. Lo stesso assetto regolatorio europeo del mercato dell'energia elettrica è stato a lungo al centro di un acceso dibattito politico tra gli Stati membri, additato da alcuni come uno dei fattori scatenanti della crisi dei prezzi dell'energia.

Eppure, il Mercato Unico ha resistito alla pressione. Anzi, ha rappresentato un potente strumento per garantire la capacità dell'Europa di superare con successo la crisi, dimostrando la propria forza e la propria efficacia. Nel mercato dell'elettricità non vi sono stati né blackout né casi di razionamento o interruzione selettiva dei servizi. Anche il mercato del gas, nonostante abbia subito uno shock dal lato dell'offerta senza precedenti, con la riduzione drastica di forniture dalla Russia, ha funzionato in modo tutto sommato efficiente. I flussi di gas tra i mercati nazionali sono stati gestiti in modo efficace, senza la necessità di intricati negoziati tra gli Stati membri sulla distribuzione di volumi disponibili nel più ampio mercato europeo o di decisioni politiche dei singoli governi sul razionamento per le differenti categorie di consumatori nazionali. I segnali di prezzo hanno svolto un ruolo fondamentale, inducendo una riduzione della domanda e promuovendo cambiamenti nel comportamento dei consumatori. La necessità di reagire ai prezzi elevati e ai rischi di approvvigionamento ha inoltre indirizzato ulteriori investimenti nell'infrastruttura dei terminali GNL e nella modernizzazione dei sistemi di trasporto del gas.

Nel complesso, la risposta dell'Europa alla crisi energetica del 2022 è stata più efficace e coesa rispetto a quelle di tutte le crisi energetiche precedenti. Questo è stato possibile in una prima fase attraverso un maggiore coordinamento a livello europeo delle politiche energetiche nazionali, come dimostrano, ad esempio, l'approvazione del regolamento sullo stoccaggio nel maggio 2022 e del regolamento sulla riduzione coordinata della domanda nel luglio 2022. In una seconda fase, l'Unione Europea è stata capace di dare una vera e propria risposta comune attraverso l'adozione di numerosi regolamenti di emergenza, che sono intervenuti nei mercati dell'energia elettrica e del gas, e hanno stabilito norme comuni per accelerare le autorizzazioni relative alle energie rinnovabili. In meno di un anno di negoziati è stata inoltre concordata una riforma dell'assetto del mercato dell'energia elettrica.

Nonostante questa risposta unitaria, oggi c'è il rischio reale che l'integrazione dei mercati perda slancio e si profila all'orizzonte il rischio di una vera regressione. La crisi ha lasciato in eredità varie misure di intervento adottate a livello nazionale e ancora in essere che rischiano di mettere a repentaglio la coesione del Mercato Unico. Inoltre, il settore manifatturiero è sempre più preoccupato che gli effetti economici persistenti della crisi, la complessità dell'insieme delle normative europea e la frammentazione del mercato possano portare alla deindustrializzazione.

In effetti, i costi dell'energia in Europa rimangono più alti rispetto ad altre economie. Durante la crisi energetica l'Unione Europea, come altre regioni che dipendono dalle importazioni di gas naturale (come Regno Unito, Giappone e Corea del Sud), ha registrato la tendenza a un aumento dei differenziali di prezzo rispetto ad altre parti del mondo. I prezzi del gas erano da 3 a 6 volte superiori a quelli degli Stati Uniti (in passato erano 2-3 volte più alti) e ancora oggi sono significativamente più elevati. I prezzi al dettaglio dell'energia elettrica per i clienti industriali sono quasi 2 volte superiori a quelli statunitensi e stanno diventando progressivamente più alti di quelli cinesi. Questa situazione persisterà fino a quando il prezzo marginale sarà determinato prevalentemente da fonti di elettricità rinnovabili e a basso contenuto di carbonio piuttosto che dal gas. La limitata autosufficienza energetica del continente aumenta anche la sua vulnerabilità a shock di prezzo improvvisi. Nel 2021, la dipendenza dell'UE dalle importazioni di energia era elevata: 91,7% per il petrolio, 83,4% per il gas e 37,5% per i combustibili fossili solidi, per un tasso complessivo di dipendenza energetica di circa il 55,5%. Solo nel 2022, la fattura dell'Europa per l'importazione di combustibili fossili ammontava a 640 miliardi di euro, circa il 4,1% del suo PIL. Nel 2023, anche in presenza di prezzi più bassi, la spesa rimarrà vicina al 2,4% del PIL dell'UE.

Inoltre, la crisi ha esasperato le differenze tra gli Stati membri in termini di prezzi dell'energia elettrica. Questa dinamica risulta altamente problematica per le aziende energivore, ma anche per le imprese a valle della filiera, per le industrie di tecnologie pulite e per le PMI in diverse regioni europee.

Il settore manifatturiero deve anche affrontare la sfida di integrare, in questo difficile contesto, tecnologie e processi a bassa intensità di emissioni di carbonio, spesso costosi o non ancora disponibili sul mercato in fabbisogni sufficienti. Inoltre, i produttori UE si trovano oggi ad affrontare forti pressioni competitive anche in settori nei quali l'Europa detiene storicamente un ruolo di leadership, come l'eolico offshore. Le recenti e crescenti dipendenze che stanno venendo alla luce nei combustibili nucleari e nei materiali critici rappresentano un'ulteriore minaccia alla realizzabilità della transizione energetica, lasciando l'economia europea vulnerabile a pressioni esterne.

Ancora una volta, è il Mercato Unico che può fornire all'Europa le leve e il peso economico adeguato per affrontare efficacemente queste sfide. Nessun singolo Stato membro può competere con gli Stati Uniti sui prezzi di gas o petrolio, essendo questi ultimi il maggior produttore mondiale di combustibili fossili. Né l'Europa può replicare le strategie che la Cina sfrutta in virtù del controllo dello Stato sull'economia. Ma l'UE dispone di un mercato energetico di dimensioni continentali, regolamentato da un quadro normativo moderno e sofisticato, unico al mondo. Senza mettere in dubbio il diritto di ogni Stato membro di scegliere il proprio mix energetico, passi avanti sostanziali verso un'integrazione europea del mercato dell'energia e maggiore capacità di agire a livello europeo possono assicurare un sistema energetico più sicuro, economicamente competitivo e sostenibile, al servizio di una moderna base industriale. Nell'ambito dell'energia, come negli altri settori, un Mercato Unico dinamico si traduce in un numero maggiore di posti di lavoro di alta qualità e in maggiore libertà per le imprese di rimanere in Europa.

Tanti più sono i passi in avanti verso un sistema energetico decarbonizzato, maggiore è la necessità di un'integrazione del mercato. I benefici derivanti dall'integrazione crescono in termini assoluti all'aumentare della quota di rinnovabili nel sistema, in quanto si manifestano con più forza gli effetti di una maggiore resilienza e flessibilità complessive. Innanzitutto, mercati integrati su scala continentale assicurano che l'installazione di nuovi impianti di energia pulita avvenga in modo più rapido ed economicamente efficiente. Le fonti di energia rinnovabili presentano infatti differenze, tra le varie regioni d'Europa, in termini di potenziale e pattern di produzione. Lo stesso vale per i pattern di domanda. Uno scambio transfrontaliero di energia elettrica senza barriere consente di installare un numero sostanzialmente inferiore di turbine e moduli solari in quanto possono essere collocati dove queste tecnologie sono più competitive, rispettivamente nelle località più ventose o più soleggiate. In secondo luogo, dal momento che l'UE si è posta l'obiettivo di raggiungere entro il 2030 un sistema di rinnovabili variabili pari al 70%, mercati ben interconnessi sono fondamentali per ridurre al minimo i costi associati allo sviluppo della rete, allo stoccaggio e alle soluzioni necessarie a garantire flessibilità e back-up. Un alto livello di interconnettività riduce anche i rischi per gli investitori e incoraggia l'afflusso di capitali privati. Inoltre, mercati integrati rendono possibile mitigare l'impatto di shock esterni che colpiscono solo uno o pochi Paesi. In questo scenario, se il sistema di uno Stato membro è sotto pressione, questi può importare l'elettricità prodotta in surplus da un altro Stato membro, a un prezzo inferiore, con benefici in termini sia di sicurezza energetica sia di stabilità economica. Infine, un Mercato Unico continentale amplia le scelte dei consumatori e offre un ambiente ideale per far prosperare l'industria delle tecnologie pulite, promuovendo l'innovazione nelle tecnologie e nelle soluzioni digitali per il settore energetico.

Sfruttando il suo Mercato Unico, l'Europa può rendere la diversità dei suoi sistemi energetici nazionali non una debolezza ma una risorsa competitiva. Per fare questo, è necessario trovare la volontà politica per compiere alcuni passi decisivi in settori chiave.

→ ROAD MAP →

Entro il 2025

- Implementare una metodologia transfrontaliera di allocazione dei costi e benefici per i progetti eolici offshore e sviluppare schemi congiunti per le aste relative a soluzioni di flessibilità ed energie rinnovabili.
- Rafforzare la collaborazione regionale e assegnare ai gruppi regionali di alto livello un maggiore indirizzo politico.
- Introdurre rigorosi standard di cybersicurezza come criterio vincolante negli appalti per nuove infrastrutture energetiche.
- Eseguire una revisione sistematica del quadro di sicurezza dell'approvvigionamento di gas.
- Preparare al meglio l'entrata in vigore del regime definitivo del CBAM nel 2026 e valutare eventuali revisioni degli ambiti di applicazione.

Entro il 2027

- Rafforzare il bilancio del CEF-Energia, semplificarne le procedure e promuovere una maggiore pianificazione integrata.
- Istituire una Clean Energy Delivery Agency per centralizzare la fornitura di supporto tecnico, gestire i programmi di finanziamento e svolgere il ruolo di punto di accesso unico per gli stakeholders.
- Incentivare la domanda di tecnologie pulite attraverso strumenti finanziari e un Clean Energy Deployment Fund per facilitare gli investimenti nelle tecnologie a zero emissioni nette.

Entro il 2029

- Sviluppare nuovi strumenti finanziari come i Green Bond per attrarre capitali privati per i progetti infrastrutturali.

Per tutta la prossima legislatura

- Consolidare i dialoghi sull'energia con partner affidabili nei Paesi vicini e in Africa, anche attraverso progetti infrastrutturali di reciproco interesse.

Un Mercato Unico che generi lavoro e agevoli l'impresa

Il Mercato Unico, come originariamente concepito, era profondamente ancorato a una concezione convenzionale del processo produttivo, che rifletteva il periodo in cui era stato formulato il primo input all'integrazione. Questo modello di sviluppo possedeva una caratteristica critica e distintiva che è venuta meno negli ultimi decenni: il Mercato Unico era un tempo l'unica opzione disponibile per le imprese europee, sia come luogo di produzione o sede centrale sia come mercato primario. Considerando il contesto globale di quell'epoca, mentre l'esportazione era una strategia praticabile, l'idea di trasferire le attività in un luogo al di fuori del Mercato Unico era quasi inconcepibile. Al giorno d'oggi, questa alternativa non solo esiste, ma è anche diventata sempre più comune e praticata. Una moltitudine di Paesi in tutto il mondo si offrono come alternativa allettante per le aziende europee che desiderano delocalizzare le proprie attività, in parte o completamente.

La semplicità di norme e burocrazia gioca un ruolo chiave nelle valutazioni di un'azienda circa il luogo in cui operare. Numerose aree al di fuori dell'Unione Europea hanno ideato percorsi dedicati per rispondere celermente alle esigenze burocratiche e amministrative delle imprese, aumentando così la propria attrattiva. Molti imprenditori con cui ho parlato durante il mio viaggio hanno espresso preoccupazioni al riguardo, sottolineando quanto le alternative stiano diventando sempre più seducenti rispetto ai significativi oneri burocratici che le aziende devono affrontare nei Paesi europei. Gran parte di questi oneri burocratici sono dovuti alla sovrapposizione di regolamenti e alle complessità amministrative generate dal complesso sistema di governance multilivello dell'UE. Troppo spesso la frammentazione del Mercato Unico, il *gold plating* e il *ring-fencing* a livello di attuazione nazionale e regionale, per non parlare dell'asimmetria tra territori e sistemi legali e fiscali, finiscono per aumentare le difficoltà e moltiplicare gli ostacoli all'attività produttiva.

All'interno della comunità imprenditoriale è crescente l'insoddisfazione per la mancanza di una cultura di sostegno e facilitazione delle attività economiche. Troppo spesso, questa insoddisfazione porta alla tentazione di delocalizzare le attività in Paesi al di fuori del Mercato Unico. Questa sfida inedita richiede risposte solide. La Commissione ha compiuto progressi significativi per quanto riguarda la tassazione delle imprese, la semplificazione e la riduzione della burocrazia. Le proposte presentate dalla Presidente von der Leyen rappresentano un impegno importante che deve essere perseguito come priorità assoluta nei prossimi anni. La bussola del nuovo Mercato Unico deve essere regolata sulla base dei principi di proporzionalità e sussidiarietà, soprattutto nel contesto del suo quadro normativo.

Questo Rapporto individua nella semplificazione del quadro normativo una delle principali sfide per il futuro Mercato Unico. Emerge una proposta fondamentale: riaffermare e abbracciare il metodo Delors della massima armonizzazione unita al riconoscimento reciproco, pienamente sancito dalle sentenze della Corte di Giustizia europea. Questo metodo sottolinea l'importanza fondamentale dei regolamenti come pietra angolare per raggiungere tale armonizzazione nel Mercato Unico. Il metodo prevede che le istituzioni dell'UE diano inequivocabilmente la priorità all'uso dei regolamenti nella formulazione di norme vincolanti per il Mercato Unico. Quando l'uso delle direttive rimane inevitabile o preferibile, è indispensabile fare due scelte fondamentali per garantirne l'effettiva attuazione. In primo luogo, gli Stati membri devono dimostrare una maggiore disciplina, evitando di includere misure che vadano oltre quanto strettamente necessario ai sensi della direttiva. In secondo luogo, si dovrebbe dare una preferenza sistematica all'utilizzo della base giuridica del quadro del Mercato Unico, in particolare facendo affidamento sull'articolo 114 del Trattato. Questa disposizione permette un'armonizzazione esaustiva, fondamentale per mantenere la coerenza tra gli Stati membri, mentre altre disposizioni del Trattato consentono un'armonizzazione minima, permettendo agli Stati membri di adottare a livello nazionale misure più stringenti che possono determinare una frammentazione del Mercato Unico.

Inoltre, un Codice europeo degli affari rappresenterebbe un passo avanti verso un Mercato Unico più unificato, fornendo alle imprese un 28° ordinamento per operare all'interno del Mercato Unico. Il Codice affronterebbe e supererebbe direttamente l'attuale mosaico di normative nazionali, agendo come strumento chiave per sbloccare il pieno potenziale della libera circolazione all'interno dell'UE. Allo stesso tempo, l'importanza di un'applicazione coerente delle norme del Mercato Unico non può essere sopravvalutata. Un'applicazione efficace garantisce che i regolamenti vadano a beneficio di tutti gli Stati membri in modo equo, evitando la frammentazione del mercato e mantenendo condizioni di parità, cruciali per la competitività delle nostre imprese e il dinamismo economico dell'UE.

Un altro fattore chiave in questo senso è rappresentato dalla rete infrastrutturale. Il settore dei trasporti è uno dei pilastri fondamentali che consentono la libera circolazione di persone, beni e servizi nel Mercato Unico europeo. Riducendo le barriere geografiche e logistiche, si contribuisce direttamente all'integrazione economica e alla competitività dell'UE. Reti di trasporto efficienti rafforzano la coesione sociale e garantiscono una maggiore accessibilità alle aree remote e rurali, consentendo ai cittadini e alle imprese locali di sperimentare i vantaggi del Mercato Unico, colmando così il divario tra le diverse regioni dell'UE e promuovendo un senso di unità europea. Inoltre, lo sviluppo strategico del settore dei trasporti è indispensabile per l'ambizioso programma di transizione dell'UE verso un'economia verde. Tuttavia, un vero Mercato Unico nel settore dei trasporti rimane ancora un obiettivo da raggiungere. A tal fine è necessario che l'UE istituisca una rete transeuropea dei trasporti realmente integrata, che comprenda ferrovie, rotte fluviali e marittime a corto raggio, i tratti stradali che collegano i porti e gli aeroporti con i terminal logistici; è fondamentale inoltre eliminare le barriere tecniche e gli ostacoli normativi che ancora persistono tra i diversi Stati membri, senza perdere d'occhio tutta una serie di possibili interventi per migliorare e rendere più sostenibile la mobilità urbana. Per promuovere gli investimenti e una maggiore integrazione, può essere utile fissare alcuni obiettivi di ampio respiro in questo settore, capaci di fare da traino, a partire dal già citato progetto di collegamento di tutte le capitali europee con l'alta velocità ferroviaria. Il perseguimento di un'ulteriore integrazione nel settore dei trasporti non deve però compromettere gli standard sociali e deve quindi essere accompagnato da un rafforzamento – possibile grazie a un potenziamento dell'ELA – dei controlli transnazionali sulla corretta applicazione delle norme sul distacco dei lavoratori.

Certamente, se non si affrontano questi problemi, il rischio di deindustrializzazione del continente – che, come si è detto, non è irreversibile – diventa una minaccia reale. Il Rapporto vuole quindi lanciare un appello più ampio all'azione su questo tema. Oggi l'Europa non può e non deve cedere ad altri il proprio ruolo di leader nel manifatturiero. All'inizio del secolo e per gran parte del decennio successivo, questo passaggio è stato ampiamente considerato come un'opzione fattibile e persino vantaggiosa. Tuttavia, è ormai evidente che le cose non stanno più così.

L'Unione dei Risparmi e degli Investimenti per finanziare la transizione verde, equa e digitale

L'ultima legislatura ha visto l'UE e i suoi Stati membri fissare obiettivi ambiziosi per una transizione verde, equa e digitale. Il Green Deal e il Net-Zero Industry Act rappresentano passi in avanti fondamentali per garantire all'UE un futuro sostenibile. Ora che quasi tutte le norme sono in vigore, l'attenzione deve spostarsi sulla fase più delicata: l'implementazione.

Uno dei principali obiettivi del nuovo Mercato Unico deve essere quello di rendere la capacità industriale e produttiva europea compatibile con gli obiettivi della transizione. Un obiettivo che rappresenta, e continuerà a rappresentare nei prossimi anni, un costo sostanziale per l'UE e i suoi Stati membri. La stessa Commissione europea stima che saranno necessari investimenti per oltre 600 miliardi di euro all'anno. Nella prossima legislatura, dunque, sarà necessario indirizzare tutte le energie verso il sostegno finanziario alla transizione, convogliando verso questo obiettivo tutte le risorse pubbliche e private necessarie. In questo sforzo, il Mercato Unico può e deve svolgere un ruolo centrale.

La priorità iniziale è mobilitare il capitale privato, un'area in cui l'UE è molto indietro rispetto ai competitor ma in cui ha anche un grande potenziale inespresso. L'Unione Europea ospita ben 33.000 miliardi di euro di risparmi privati, prevalentemente detenuti in conti corrente e depositi. Questa ricchezza non viene sfruttata appieno per soddisfare le esigenze strategiche dell'UE. A causa della frammentazione dei nostri mercati finanziari, ogni anno circa 300 miliardi di euro di risparmi delle famiglie europee vengono dirottati all'estero, investiti in mercati finanziari più dinamici ed efficienti, come quello degli Stati Uniti. Questo fenomeno evidenzia una significativa inefficienza nell'utilizzo delle risorse disponibili che invece, se reindirizzate ed incanalate in un moderno ed efficace mercato finanziario europeo, potrebbero contribuire in maniera sostanziale al raggiungimento degli obiettivi strategici dell'UE.

Per agire di fronte a questo scenario il Rapporto propone la creazione di un'Unione dei Risparmi e degli Investimenti, sviluppata a partire dall'incompleta Unione dei Mercati dei Capitali. Integrando pienamente i servizi finanziari all'interno del Mercato Unico, potremo non solo mantenere i risparmi privati europei all'interno dell'UE, ma anche attrarre risorse aggiuntive dall'estero.

Sono tre le aree strutturali che necessitano di un'azione urgente per creare una fiorente Unione del Risparmio e degli Investimenti all'interno del Mercato Unico: l'offerta di capitale, la domanda di capitale e il quadro istituzionale e la struttura di mercato che regolano la circolazione di tale capitale. È indispensabile che qualsiasi pacchetto di riforme consideri tutte e tre le aree insieme. Esse sono parte integrante di un ecosistema più ampio e non possono quindi essere affrontate in modo isolato. Richiedono un'azione congiunta da parte delle istituzioni europee, degli Stati membri e degli operatori di mercato.

È fondamentale perseguire in parallelo sia le soluzioni tecniche, teoricamente attuabili nel relativo breve periodo, sia gli sforzi strutturali a più lungo termine. Sebbene nella maggior parte dei casi siano affidati a enti e autorità diverse, la loro attuazione combinata è fondamentale per raggiungere l'obiettivo finale a lungo termine.

→ ROAD MAP →

Entro il 2025

- Lanciare un prodotto di risparmio a lungo termine con sottoscrizione automatica in tutta l'UE per stimolare gli investimenti retail, facendo leva su incentivi fiscali adottati dagli Stati membri e migliorando il Pan-European Personal Pension Product per una più ampia applicabilità al mercato.
- Armonizzare i quadri normativi degli Stati membri per consentire ai grandi gruppi assicurativi di adattare i requisiti patrimoniali al profilo di rischio specifico di ciascuna entità, liberando così capitale aggiuntivo.
- Per sostenere gli investimenti privati in sostenibilità, creare una specifica Garanzia Verde Europea (European Green Guarantee, EGG). La Commissione europea e la BEI potrebbero sviluppare il quadro di riferimento e raccogliere le risorse finanziarie per un sistema di garanzie a livello europeo che sostenga il finanziamento bancario a progetti di investimento verde e imprese.

- Rivedere il framework che regola le cartolarizzazioni per semplificare l'utilizzo di questo strumento, fondamentale per diversificare gli investimenti e liberare la capacità di bilancio delle banche. Questo, a sua volta, consentirà alle banche di offrire ulteriori finanziamenti.
- Istituire un punto di accesso unico europeo per i mercati dei capitali pubblici, specificamente progettato per PMI e mid-cap, per consolidare i loro segmenti di mercato attraverso le principali borse dell'UE, semplificando la loro transizione verso i segmenti del mercato principale sotto la supervisione diretta e semplificata dell'ESMA.

Entro il 2026

- Per incanalare i risparmi dei cittadini verso il finanziamento dell'economia reale, lanciare un nuovo schema europeo che combini lo schema del Fondo europeo a lungo termine (ELTIF) con incentivi fiscali nazionali.
- Progredire verso una vigilanza uniforme e integrata dei mercati finanziari adattando un modello simile al meccanismo di vigilanza del settore bancario, in cui un'ESMA rafforzata, in collaborazione con le autorità nazionali competenti, potrebbe assumere maggiori responsabilità di vigilanza per le principali entità.
- Stabilire un unico Safe Asset europeo centralizzando le emissioni obbligazionarie a livello UE in un unico strumento, così da garantire stabilità e omogeneità nel mercato finanziario.

Per tutta la prossima legislatura

- Per finanziare lo sviluppo delle infrastrutture verdi e attrarre capitali dai fondi pensione e dalle compagnie di assicurazione, promuovere lo strumento del partenariato pubblico-privato (PPP) rafforzando i quadri normativi e garantendo un equilibrio tra economicità per i contribuenti e redditività per gli investitori.
- Promuovere l'implementazione dell'euro digitale per rafforzare l'autonomia finanziaria dell'UE e migliorare l'infrastruttura dei pagamenti al dettaglio.

Il passo successivo consiste nell'affrontare il dibattito sugli aiuti di Stato. Dovremo sviluppare soluzioni coraggiose e innovative che trovino un equilibrio tra la necessità di mobilitare rapidamente sostegno pubblico nazionale mirato per l'industria, nella misura in cui affronta in modo proporzionato i fallimenti del mercato, e la necessità di prevenire la frammentazione del Mercato Unico. Se da un lato il progressivo allentamento delle regole sugli aiuti di Stato in risposta alle recenti crisi ha contribuito a limitare gli effetti negativi sull'economia reale e ha introdotto concetti innovativi per cogliere il mutevole contesto internazionale, dall'altro ha prodotto distorsioni della concorrenza. C'è il rischio che nel tempo questo approccio danneggi il *level playing field* e amplifichi le divergenze nell'Unione, data anche la differente capacità fiscale a disposizione degli Stati membri. Per tentare di uscire da questa situazione, l'UE deve bilanciare un'applicazione più rigorosa degli aiuti di Stato a livello nazionale con la progressiva espansione del sostegno finanziario a livello europeo. In particolare, si potrebbe prevedere un meccanismo di contribuzione per gli aiuti di Stato, che richieda agli Stati membri di destinare una quota delle risorse stanziate per l'intervento statale al finanziamento di investimenti e iniziative paneuropee.

Sbloccare il dossier dell'integrazione dei mercati finanziari e rivedere l'approccio alle regole sugli aiuti di Stato contribuirà a creare le condizioni politiche necessarie per avanzare su un'altra dimensione critica: gli investimenti pubblici europei. Per attenuare la tensione tra i nuovi approcci industriali e il quadro del Mercato Unico, la strategia industriale dell'UE deve adottare un approccio più europeo, basandosi sul modello degli Importanti Progetti di Comune Interesse Europeo (IPCEI) e sviluppandolo ulteriormente. Di fronte alla forte concorrenza globale, l'UE deve intensificare gli sforzi per sviluppare una strategia industriale competitiva in grado di contrastare gli strumenti recentemente adottati da altre potenze globali, come l'Inflation Reduction Act statunitense.

È fondamentale stabilire una solida connessione tra la transizione equa, verde e digitale e l'integrazione finanziaria all'interno del Mercato Unico. Questo legame è essenziale per rendere fattibile la transizione. Senza risorse adeguate, i progressi rischiano di bloccarsi. I costi della transizione sono sistemici e devono essere condivisi collettivamente. Se si scarica l'onere solo su settori specifici, si finisce per ostacolare il processo anziché agevolarlo. Il mancato raggiungimento di questo sforzo collettivo potrebbe portare alla resistenza di vari gruppi – oggi gli agricoltori, domani i lavoratori del settore automobilistico – che ritengono di sostenere in modo sproporzionato i costi della trasformazione, senza un sostegno sufficiente.

Questa connessione opera anche in senso inverso, in quanto il tema del finanziamento della transizione può favorire il processo di integrazione finanziaria all'interno del Mercato Unico. Il tentativo di creare l'Unione dei mercati dei capitali nell'ultimo decennio non ha avuto successo, tra le altre cause, perché è stato percepito come fine a sé stesso. Una vera integrazione dei mercati finanziari in Europa non si realizzerà fino a quando i cittadini e i leader politici europei non riconosceranno che tale integrazione non è semplicemente vantaggiosa per la finanza in sé, ma è fondamentale per raggiungere obiettivi di interesse generale altrimenti irraggiungibili, come la transizione verde, equa e digitale.

Sostenere strutturalmente la transizione è un obiettivo fondamentale del quadro strategico dell'Unione Europea. Ma la discussione non deve concentrarsi solo sui costi associati a questa transizione. È fondamentale riconoscere gli ampi benefici che questa transizione offre ai cittadini, alle imprese e ai lavoratori. Investire e finanziare questa transizione non è solo una decisione economica; è probabilmente la scelta più strategica che l'UE possa fare per assicurarsi un significativo vantaggio competitivo sulla scena globale, preservando e sviluppando al contempo gli standard sociali di cui l'Europa è orgogliosa. Questo vantaggio diventa particolarmente rilevante data la crescente importanza della sostenibilità nel sistema globale del futuro. Sostenendo strutturalmente la transizione, l'UE rafforza il suo impegno per la prosperità economica a lungo termine e per il raggiungimento degli obiettivi di sostenibilità. La Banca europea per gli investimenti è fondamentale a questo proposito, in quanto fornisce finanziamenti e competenze cruciali per tanti progetti che si allineano a questi obiettivi.

In sintesi, c'è bisogno di mobilitatori dell'integrazione finanziaria europea che siano esterni al settore finanziario, concentrandosi su obiettivi che riguardano il futuro dei cittadini piuttosto che la finanza stessa. Sostenere strutturalmente la transizione è, in questo senso, un dovere di sistema. Si tratta di un aspetto cruciale, soprattutto perché senza le risorse private che emergeranno dalla creazione di una forte e autentica Unione del Risparmio e degli Investimenti, sarà estremamente difficile risolvere le divisioni interne agli Stati membri riguardo all'allocazione delle risorse pubbliche nazionali ed europee necessarie a coprire i costi della transizione.

Maggiori investimenti pubblici e privati sono fondamentali per realizzare gli obiettivi strategici dell'Ue, ma le risorse economiche da sole non sono sufficienti. Assicurarne un impiego più efficiente e di maggiore impatto è altrettanto cruciale. Sono allora almeno tre le dimensioni che meritano allora attenzione, nel quadro della nostra riflessione. In primo luogo, occorre integrare i principi dell'economia circolare nel Mercato Unico: l'Europa ha bisogno di «Mercato Unico circolare» che favorisca al tempo stesso la sostenibilità ambientale e la crescita economica, promuovendo modelli di business innovativi e comportamenti più consapevoli dei consumatori. In secondo luogo, gli appalti pubblici devono svolgere un ruolo più strategico: modelli e pratiche che mettano al centro trasparenza, competitività, innovazione e sostenibilità possono assicurare che la spesa pubblica sia allineata con gli obiettivi strategici dell'UE e ne sostenga attivamente la realizzazione. Infine, è di fondamentale importanza un rafforzamento della capacità amministrativa, perché l'attuazione delle ambiziose strategie dell'UE dipende dalle capacità delle amministrazioni pubbliche di mettere in pratica quanto progettato; è allora essenziale adottare misure per potenziare la capacità delle amministrazioni nazionali (e sub-nazionali) per garantire efficacia e responsabilità nell'utilizzo delle risorse pubbliche.

Allargamento: vantaggi e responsabilità

Una visione strategica simile deve essere applicata anche agli altri due grandi processi che caratterizzeranno l'UE nel prossimo decennio, in particolare l'allargamento e la sfida della sicurezza.

Per quanto riguarda il primo, è essenziale identificare immediatamente i pilastri concettuali della questione. Gli allargamenti del passato sono stati scelte vincenti per l'UE. In particolare, hanno permesso all'Europa di compensare la perdita di peso relativo causata dalla trasformazione del quadro geopolitico e geoeconomico dopo la Guerra Fredda, con l'adesione di nuovi attori. Grazie agli allargamenti, il Mercato Unico e i suoi benefici sono stati estesi, e questo è stato vero sia per i vecchi che per i nuovi Stati membri. Una UE più grande, oggi come ieri, è lo strumento migliore per proteggere gli interessi e la prosperità dell'Europa, sostenere i principi dello Stato di diritto e difendere i cittadini dell'UE dalle minacce esterne.

Il prossimo allargamento deve essere affrontato con lo stesso spirito e la stessa visione. Il dibattito non dovrebbe concentrarsi solo sull'obiettivo dell'allargamento in sé, ma più specificamente sui metodi e sui tempi di tale espansione. L'interazione tra il Mercato Unico e l'allargamento solleva questioni complesse che richiedono un'attenta riflessione. È necessario trovare un approccio equilibrato, che faciliti l'estensione graduale ma significativa dei benefici del Mercato Unico ai Paesi candidati, salvaguardando al contempo la stabilità delle loro economie e del Mercato Unico.

Una condizione rimane cruciale: dato che il Mercato Unico è il fulcro e la forza trainante dell'integrazione europea, lo strumento deve rimanere almeno parzialmente sotto il controllo dei negoziatori di Bruxelles durante il processo di preadesione, per evitare che gli attuali Stati membri perdano il loro più potente strumento di contrattazione. In particolare, è essenziale riaffermare in modo inequivocabile che qualsiasi Paese voglia beneficiare di una sostanziale partecipazione al Mercato Unico in fase di preadesione deve aderire pienamente a tutti gli aspetti del primo criterio di Copenaghen, dimostrando fin dall'inizio un chiaro e incrollabile rispetto dei principi non negoziabili di «democrazia, stato di diritto, diritti umani e rispetto e tutela delle minoranze». In un'epoca in cui questi stessi principi sono contestati e il modello democratico europeo è messo sotto pressione da minacce esterne e da sfide interne, non si possono ammettere ambiguità su questo punto: è all'interno dell'Unione e di ciascuno Stato membro che questi valori fondamentali devono essere pienamente praticati e attivamente difesi. Ogni Paese candidato che voglia impegnarsi per la sua graduale integrazione nel Mercato Unico – o in qualsiasi altra dimensione dell'UE – deve allinearsi pienamente ad essi.

Inoltre, l'allargamento non deve essere percepito, né dai governi né dai cittadini dei Paesi già membri, come una fine del sostegno alla crescita e alla convergenza – in particolare per i Paesi di più recente adesione – fornito dalla politica di coesione e dalla Politica Agricola Comune. Le politiche di accompagnamento per gli attuali Stati membri e una riforma della politica di coesione appaiono decisive. Una politica di coesione efficace – attuata in modo equilibrato in tutta l'UE – è sempre stata e continuerà ad essere una condizione fondamentale per il successo del Mercato Unico. A questo proposito, la creazione di una Enlargement Solidarity Facility, dotata di risorse finanziarie per gestire le esternalità e facilitare il processo di allargamento, potrebbe essere uno strumento utile.

Promuovere la pace e sostenere lo Stato di diritto: un mercato comune per l'industria della sicurezza e della difesa

La terza grande direzione strategica per il prossimo decennio, accanto alla transizione e all'allargamento, riguarda la sfida della sicurezza. La guerra di aggressione di Vladimir Putin contro l'Ucraina ha alterato il corso della storia e ridisegnato il destino dell'Europa, scuotendone le fondamenta. L'UE ha immediatamente deciso collettivamente che la componente della sicurezza e della difesa, che storicamente ha avuto un peso minore rispetto ad altre politiche dell'UE ed è stata in gran parte appannaggio del livello nazionale, debba ora essere ripensata. Quella risposta unitaria e decisa va sostenuta con coerenza e continuità, facendo leva sul potenziale non sfruttato dell'UE in questo settore. La logica è chiara: la sicurezza deve essere affrontata in una dimensione globale e deve influenzare le politiche energetiche così come quelle finanziarie, le minacce informatiche, le scelte in materia di infrastrutture, connettività, spazio, salute e tecnologia. Ciò si riflette anche nelle Dichiarazioni di Versailles e di Granada e nella Strategia europea di sicurezza economica presentata dalla Commissione europea. Questa definizione estesa e senza precedenti di sicurezza avrà inevitabilmente ripercussioni su tutti gli aspetti dell'economia e della vita dei cittadini. È quindi essenziale trovare un equilibrio con i diritti fondamentali dell'individuo, posizionando l'Europa ancora una volta come leader nella regolamentazione dei nuovi progressi tecnologici.

La nostra capacità industriale nei settori della sicurezza e della difesa deve subire una trasformazione radicale per evitare di ripetere le dinamiche osservate nel periodo 2022-2024. In quel periodo, nel sostenere la resistenza ucraina, gli europei hanno speso somme ingenti, ma circa l'80% di questi fondi sono stati spesi per materiali non europei. Al contrario, gli Stati Uniti hanno acquistato circa l'80% delle attrezzature militari utilizzate per sostenere la guerra in Ucraina direttamente da fornitori americani, una differenza netta che evidenzia la debolezza del nostro approccio. Sostenere i posti di lavoro e le industrie in Europa, piuttosto che finanziare lo sviluppo industriale dei nostri partner o rivali, deve essere un obiettivo primario quando si spende denaro pubblico. Inoltre, mai come oggi è urgente sviluppare le nostre capacità industriali per essere autonomi in quest'ambito strategico. Ad oggi la natura del settore non permette di applicare pienamente logiche e framework del Mercato Unico vero e proprio all'industria della difesa; tuttavia, avanzare verso lo sviluppo di un «mercato comune per l'industria della sicurezza e della difesa» è fondamentale per dotare l'UE dei mezzi necessari per affrontare le sfide attuali e future in materia di sicurezza.

Allo stesso tempo, la sicurezza deve essere oggetto di scelte coerenti in materia di finanziamento. Una continuità con le politiche e le spese del passato non è nemmeno immaginabile. Nuove e ben più gravi minacce devono essere contrastate con risposte inedite e proporzionate. L'Unione Europea sta valutando diverse opzioni di finanziamento innovative per sostenere un mercato unificato della difesa. Per modernizzare le capacità di difesa dell'UE, dobbiamo sviluppare misure e strumenti innovativi che integrino efficacemente le risorse finanziarie pubbliche e private. Questi sforzi, ovviamente, devono essere allineati con l'appartenenza di quasi tutti gli Stati membri dell'UE all'Alleanza Atlantica, con quanto ne consegue in termine di impegni.

Riflessioni analoghe sono necessarie e applicabili a un altro settore critico, particolarmente importante per il nostro futuro: lo spazio. Storicamente, le attività spaziali europee hanno applicato in modo parziale le regole del Mercato Unico. Infatti, guidate dalla natura intrinsecamente istituzionale e politica del settore, le attività spaziali si basano sul sostegno pubblico. Inoltre, la decisione dell'Europa di promuovere uno sviluppo equilibrato delle competenze spaziali nei suoi Stati membri ha portato ad una distribuzione proporzionale dei finanziamenti istituzionali in tutto il continente. Questo approccio, noto come «ritorno geografico» – una politica cardine dell'Agenzia spaziale europea (ESA) – fa sì che i finanziamenti degli Stati membri siano assegnati alle industrie di ciascun Paese, attraverso contratti ESA, in modo proporzionale all'investimento fatto dal Paese. Oggi, però, di fronte a un'economia spaziale globale e competitiva, questo modello non è più adeguato. Un settore spaziale dinamico, in grado di crescere nonostante la strenua concorrenza globale e di fornire strumenti adeguati all'autonomia strategica e alla sicurezza dell'Europa, è essenziale per il futuro dell'Europa. A tal fine, occorre rivedere il modello attuale, caratterizzato dalla frammentazione degli attori istituzionali e delle norme, da una distribuzione ponderata dei finanziamenti sull'intera gamma di attività e da strumenti finanziari insufficienti a stimolare l'iniezione di capitale privato.

Freedom to move, freedom to stay: un Mercato Unico sostenibile per tutti

Per decenni, il Mercato Unico europeo è stato il cuore pulsante di una crescita economica senza precedenti, del progresso sociale e del miglioramento della qualità della vita in tutto il continente. Ha agito da catalizzatore per la convergenza tra gli Stati membri, promuovendo un ecosistema in cui l'innovazione prospera, le economie crescono e i cittadini godono di ampie opportunità. Come riconosciuto di recente dal Fondo Monetario Internazionale, il modello di crescita europeo è stato un potente motore di convergenza economica negli ultimi decenni.

Tuttavia, nonostante gli indiscussi successi, il dibattito su un'equa ridistribuzione dei benefici generati dal Mercato Unico è sempre più acceso. In particolare, si sta facendo strada l'idea che i vantaggi del Mercato Unico finiscano per beneficiare soprattutto chi dispone già dei mezzi e delle competenze per sfruttare le opportunità transfrontaliere, o delle grandi imprese che possono facilmente espandere le proprie attività in tutti gli Stati membri. Ad esempio, promuovendo la concorrenza, il Mercato Unico stimola l'innovazione, che va indirettamente a vantaggio delle persone altamente qualificate: le imprese sono incoraggiate a investire in ricerca e sviluppo, creando una domanda di competenze in settori all'avanguardia. Inoltre, la conoscenza delle lingue straniere è essenziale per sfruttare appieno le opportunità di formazione e di lavoro nel Mercato Unico. La situazione per le imprese è simile: le grandi aziende sono generalmente in una posizione migliore rispetto alle PMI per cogliere tutti i vantaggi del Mercato Unico. Dispongono delle risorse e delle infrastrutture necessarie per sfruttare le riduzioni dei costi di produzione, razionalizzare la distribuzione transfrontaliera, superare le barriere e accedere facilmente all'enorme platea di consumatori. Inoltre, i marchi affermati e le grandi aziende dispongono già di ampie reti di fornitori, partner e clienti; il Mercato Unico può amplificare questi effetti di rete, consolidando ulteriormente la loro posizione di mercato.

Questo tema, se non affrontato, rischia di erodere il sostegno pubblico e politico al Mercato Unico e di comprometterne il successo. Fin dall'inizio, il Mercato Unico europeo è stato concepito con la consapevolezza che potessero esistere effetti diversi su lavoratori, imprese e regioni e con il chiaro obiettivo di affrontare tale dinamica. Per questo motivo la politica di coesione è stata istituita come un elemento fondamentale, intrinseco al Mercato Unico.

Tuttavia, l'UE si trova oggi ad affrontare nuove sfide sul fronte della ridistribuzione in uno scenario globale radicalmente trasformato e che richiede soluzioni innovative. La crisi pandemica ha avuto impatti disomogenei tra settori, territori e gruppi socio-economici. L'impatto dell'interruzione delle catene globali del valore varia notevolmente tra le economie dell'UE. La transizione verde e digitale ha un impatto diverso sulle regioni e sui diversi settori economici dell'UE. I costi dell'inflazione ricadono in modo sproporzionato sulle famiglie e sulle imprese già più colpite da difficoltà economiche. Inoltre, l'attuale rilancio della politica industriale europea comporta il rischio di ampliare involontariamente le disuguaglianze regionali all'interno dell'Unione.

Come evidenziato dal recente rapporto del gruppo di alto livello sul futuro della politica di coesione, «nel 2023, più di 60 milioni di cittadini dell'UE vivono in regioni con un PIL pro capite inferiore a quello del 2000. Altri 75 milioni vivono in regioni con una crescita prossima allo zero. Complessivamente, circa 135 milioni di persone, quasi un terzo della popolazione dell'UE, vivono in luoghi che, negli ultimi due decenni, sono lentamente rimasti indietro». I residenti delle regioni in declino spesso sentono di non avere altre opportunità se non quella di trasferirsi a causa della mancanza di posti di lavoro, della difficoltà di accedere a un'istruzione di qualità e a servizi adeguati necessari per condurre uno stile di vita indipendente e dignitoso all'interno delle proprie comunità. Allo stesso modo, le PMI che risiedono in queste aree sentono il peso delle normative europee, ma sperimentano benefici limitati dal Mercato Unico, spesso a causa di modelli di business o capacità poco adatti all'espansione transfrontaliera.

Secondo l'Eurobarometro, un'ampia e stabile maggioranza di europei (61%) afferma che l'appartenenza all'UE è vantaggiosa e che i loro Paesi hanno tratto beneficio dall'appartenenza all'UE (72%). Tuttavia, quasi un cittadino europeo su due ritiene che l'UE stia andando nella direzione sbagliata, mentre solo uno su tre ha un giudizio ottimista sul futuro dell'Europa. In sedici Paesi, gli intervistati che ritengono che le cose stiano andando nella direzione sbagliata sono la maggioranza. In effetti, le difficoltà socioeconomiche continuano a influenzare la vita quotidiana degli europei: Il 73% afferma che il proprio tenore di vita diminuirà nel corso del prossimo anno e il 47% afferma di aver già assistito a un peggioramento delle proprie condizioni di vita. Oltre un terzo degli europei (37%) ha difficoltà a pagare le bollette, a volte o il più delle volte. Non è un caso che i cittadini dell'UE considerino la lotta alla povertà e all'esclusione sociale e la sanità pubblica come le questioni cruciali a cui il Parlamento europeo dovrebbe dare priorità nella prossima legislatura, seguite dalla lotta al cambiamento climatico e dal sostegno all'economia.

Per mantenere le sue promesse di prosperità condivisa, il Mercato Unico deve rispondere a diverse esigenze vitali che si rafforzano a vicenda nell'affrontare queste sfide.

Dobbiamo continuare a garantire la libera circolazione delle persone, ma anche la «libertà di restare». Il Mercato Unico deve dare potere ai cittadini piuttosto che creare circostanze in cui si sentano costretti a trasferirsi in cerca di miglior fortuna. Gli europei e le europee che desiderano contribuire allo sviluppo delle loro comunità locali devono averne l'opportunità. La libera circolazione è un bene prezioso, ma dovrebbe essere una scelta, non una necessità. Come ha detto Jacques Delors in un'intervista del 2012, «ogni cittadino dovrebbe essere in grado di essere padrone del proprio destino». Gli obiettivi del Mercato Unico dovrebbero essere in linea con la libertà di circolazione e con la libertà di rimanere nella comunità di propria scelta.

Dobbiamo garantire che qualsiasi sviluppo del Mercato Unico includa un'autentica dimensione sociale che assicuri giustizia e coesione sociale, poiché il Mercato Unico è un potente motore di crescita e prosperità, ma può anche essere fonte di disuguaglianze e povertà se i suoi benefici non sono ampiamente condivisi o, peggio, se le sue distorsioni provocano una corsa al ribasso degli standard sociali. Una forte dimensione sociale nel Mercato Unico dell'UE promuove una prosperità inclusiva, garantendo opportunità eque, diritti dei lavoratori e protezione sociale per tutti, contribuendo al contempo alla crescita.

Se da un lato, come discusso nei capitoli precedenti, l'UE deve «giocare in grande», dall'altro dobbiamo facilitare una maggiore partecipazione delle piccole e medie imprese (PMI) al Mercato Unico. In caso contrario sarà inevitabile che le imprese e gli imprenditori che rappresentano la spina dorsale dell'economia dell'UE vedano il Mercato Unico come un ostacolo piuttosto che come un'opportunità. Le PMI impiegano quasi due terzi della forza lavoro dell'UE e rappresentano poco più della metà del suo valore aggiunto. Tuttavia, molte PMI si trovano ad affrontare ostacoli quali procedure burocratiche complesse, elevati oneri amministrativi e mancanza di informazioni e servizi di supporto. Semplificare le procedure, fornire orientamenti personalizzati e rendere le informazioni più facilmente accessibili contribuirebbe a dare alle PMI la possibilità di prosperare nel Mercato Unico.

Inoltre, nonostante i recenti passi avanti, la frammentazione fiscale rimane un ostacolo importante per le imprese dell'UE e in particolare per le PMI. Un migliore allineamento attraverso un quadro fiscale europeo armonizzato è fondamentale per facilitare la libera circolazione di lavoratori, beni e servizi e per sostenere la crescita e gli investimenti privati. La lotta alla pianificazione fiscale aggressiva, all'elusione e all'evasione fiscale è essenziale per garantire un Mercato Unico che funzioni per tutti e il finanziamento continuo di beni pubblici fondamentali e di strumenti sociali adeguati.

Infine, il rafforzamento delle norme a tutela dei consumatori è fondamentale per costruire un Mercato Unico che vada a vantaggio di tutti. Il rafforzamento di queste misure non solo garantisce un accesso equo a beni e servizi in tutti gli Stati membri, ma favorisce anche un ambiente competitivo a vantaggio sia dei consumatori che delle imprese.

Il Mercato Unico oltre i confini UE: commercio e sicurezza economica

Di fronte a un panorama globale sempre più complesso e imprevedibile, l'Unione Europea deve volgere lo sguardo al di là delle proprie questioni interne, ponendo maggiore attenzione alla dimensione esterna del Mercato Unico. Oggi non è più possibile marcare una netta distinzione tra queste due dimensioni, dobbiamo prenderle in considerazione insieme.

Le grandi sfide degli ultimi anni, dalla pandemia al ritorno dei conflitti e la crisi energetica, ci hanno dimostrato che la sicurezza economica è fondamentale per la stabilità e la resilienza dell'UE. Queste crisi hanno evidenziato le vulnerabilità del nostro attuale modello di sviluppo, basato fondamentalmente sull'interdipendenza del commercio globale. L'adattamento al nuovo contesto ci impone di cercare un equilibrio tra integrazione nel mercato globale e sicurezza, con l'obiettivo di rafforzare la nostra competitività e resilienza.

Continuare a promuovere il «Brussels effect» richiede un approccio proattivo, poiché le alternative all'UE presenti oggi nel mercato globale sono sempre più numerose. La sua influenza è sempre più messa in discussione a causa delle tensioni geopolitiche e dell'aumento degli interventi statali nelle dinamiche commerciali per ragioni di sicurezza. Invece di interpretare i cambiamenti attraverso la lente del Mercato Unico, dovremmo al contrario lavorare per adattare quest'ultimo a tali dinamiche globali. In questo senso, è fondamentale rivedere la politica commerciale dell'UE per preservare la nostra credibilità. Il nostro approccio dovrebbe mirare a trovare un equilibrio tra competitività, indipendenza strategica e condizioni globali eque, evitando l'imposizione di normative dannose e promuovendo invece partenariati strategici. Questo riguarda anche il rapporto con i nostri partner più vicini. Dal Regno Unito con cui andrà trovata una quadra per valorizzare le nostre relazioni politiche ed economiche, agli Stati Uniti con cui potremmo cominciare a ragionare sull'idea di un Transatlantic Single Market.

Un altro aspetto fondamentale riguarda il rapporto tra il Mercato Unico e l'allargamento dell'Unione. Il processo di integrazione pone sfide significative sia per i Paesi candidati che per l'integrità dell'UE. La nostra strategia deve combinare senza soluzione di continuità l'integrazione economica e politica, puntando all'equilibrio e respingendo la percezione dell'UE come mera entità economica.

Affrontare efficacemente il tema della sicurezza economica, perfezionare la nostra politica commerciale, gestire l'allargamento e governare le nostre relazioni con i principali partner strategici è fondamentale per il futuro del Mercato Unico. I cambiamenti geopolitici osservati negli ultimi anni evidenziano l'importanza di focalizzarsi sulla dimensione esterna del Mercato Unico, garantendone la reattività e la rilevanza in un mondo in rapida evoluzione.

Conclusioni. Un invito all'azione

È tempo di creare una nuova bussola per guidare il Mercato Unico in questo complesso scenario internazionale. Le potenti forze del cambiamento – che abbracciano la demografia, la tecnologia, l'economia e le relazioni internazionali – richiedono risposte politiche innovative ed efficaci. Alla luce delle crisi e dei conflitti in corso, l'azione è diventata urgente, soprattutto perché la finestra di opportunità per intervenire e rilanciare l'economia europea rischia di chiudersi nel prossimo futuro.

Questo Rapporto, che contiene raccomandazioni per il futuro del Mercato Unico, mira a ispirare un vero e proprio appello all'azione da parte dell'opinione pubblica europea. Per ottenere il massimo impatto, dovrebbe essere attuato a livello di istituzioni europee, Stati membri, parti sociali e cittadini.

Data l'importanza cruciale del Mercato Unico per il rafforzamento della competitività europea, è essenziale che il Consiglio europeo svolga un ruolo decisivo nel portare avanti le riforme necessarie al suo completamento. Questa iniziativa dovrebbe rappresentare un punto focale nell'agenda della prossima legislatura, evidenziando il nostro impegno comune a rivitalizzare il contesto economico europeo. Il Consiglio è invitato a delegare alla Commissione europea il compito di elaborare una strategia globale per il Mercato Unico. Questo piano dovrebbe articolare chiaramente le azioni per abbattere le barriere esistenti, promuovere il consolidamento e migliorare la competitività del Mercato Unico, sulla falsariga delle proposte contenute nella relazione. È essenziale che la direzione politica funga da catalizzatore per un rapido accordo tra il Consiglio dell'UE e il Parlamento europeo su un piano ambizioso, che includa anche un'analisi d'impatto dettagliata e un lavoro parlamentare approfondito a sostegno del processo. È inoltre necessario che il Comitato economico e sociale europeo e il Comitato europeo delle regioni diano priorità a queste iniziative di riforma nel loro ruolo consultivo, garantendo che il processo legislativo sia guidato da un'analisi completa e orientata alla pratica. Questo impegno collettivo non solo rafforzerà il Mercato Unico, ma garantirà che esso continui a essere un pilastro della resilienza economica europea e della competitività a livello globale.

Al centro del modello sociale europeo, inaugurato da Jacques Delors con il dialogo di Val Duchesse nel 1985, c'era l'impegno a un solido dialogo sociale. Tuttavia, negli ultimi anni, l'essenza di questi dialoghi si è un po' indebolita. Al contrario, la necessità di meccanismi di coordinamento e negoziazione tra datori di lavoro e lavoratori deve aumentare se vogliamo sostenere le imprese e creare posti di lavoro di qualità. Il dialogo sociale e la contrattazione collettiva rimangono strumenti unici per i governi e le parti sociali per trovare soluzioni mirate ed eque. È essenziale riconoscere l'importante ruolo svolto dalle parti sociali nell'affrontare le sfide odierne, come il cambiamento climatico e la digitalizzazione, nel contesto del rilancio del Mercato Unico dell'UE. Inoltre, la promozione di condizioni di lavoro eque nell'ambito dei cambiamenti dei modelli produttivi è fondamentale per garantire che le transizioni siano ampiamente condivise e accettate. Il rinnovato impegno a rafforzare il dialogo sociale a livello dell'UE, esemplificato dal rilancio del Vertice di Val Duchesse promosso da Ursula von der Leyen nel suo discorso sullo Stato dell'Unione del 2023, rappresenta un cambiamento importante. Per sfruttare al meglio questo strumento, le norme che regolano il Mercato Unico devono lasciare spazio alla contrattazione collettiva e alle strutture di rappresentanza locale, e incoraggiare (o almeno non scoraggiare) l'auto-organizzazione di lavoratori e datori di lavoro. Lo stesso, a maggior ragione, deve avvenire nell'ambito del processo legislativo.

Il Mercato unico è una testimonianza delle aspirazioni collettive dei suoi cittadini. Il voto, espressione per eccellenza dell'impegno democratico, è lo strumento principale attraverso il quale essi affermano la propria volontà. Le elezioni del 2024 costituiscono uno spartiacque perché al Parlamento europeo della legislatura che con esse si aprirà è affidata una profonda responsabilità: guidare lo sviluppo e l'attuazione di un nuovo quadro solido per il Mercato Unico, garantendo che esso incarni pienamente i valori democratici e soddisfi le esigenze in evoluzione dei suoi cittadini.

Per rafforzare questo processo, sarebbe utile istituire una Conferenza permanente dei cittadini per informare e sostenere il follow-up di questo Rapporto. La Conferenza sul futuro dell'Europa (COFOE) ha indicato chiaramente il desiderio dei cittadini di un maggiore coinvolgimento sistemico nello sviluppo e nell'attuazione delle politiche pubbliche europee. In particolare, una delle proposte emerse nella plenaria della COFOE ha suggerito di organizzare assemblee periodiche dei cittadini. Questa proposta è stata accolta dalla Presidenza della Commissione europea con le iniziative degli European Citizen's panels, che sono destinati a diventare un elemento costitutivo della vita europea, contribuendo a rafforzare le nostre democrazie. La Conferenza permanente dei cittadini potrebbe collaborare con le tre principali istituzioni dell'UE e produrre raccomandazioni su come attuare il Rapporto, fornendo una prospettiva preziosa, certamente più ampia e fondata. Certamente, se il Mercato Unico è sempre stato e deve continuare ad essere il fulcro e il motore dell'integrazione dell'Unione Europea, nessuna riforma, nessun progetto innovativo, nessun vero progresso sarà possibile, compreso e accettato dalle nostre opinioni pubbliche senza la partecipazione attiva e l'autentico coinvolgimento dei cittadini europei.

Il momento di agire è adesso. Dobbiamo lavorare tutti insieme per un Mercato Unico più forte e un'Unione Europea più solida e competitiva.

Codice per scaricare il Rapporto completo in lingua inglese

Postfazione
Jacques Delors in sette lezioni

Subito dopo essere stato nominato presidente della Commissione Europea, nel 1985, Jacques Delors fu invitato da François Mitterrand all'Eliseo. Andò accompagnato dal suo braccio destro e capo di gabinetto di quei successivi, fantastici, dieci anni bruxellesi, Pascal Lamy. All'arrivo al palazzo presidenziale vide il cerimoniale in pompa magna e il picchetto per gli onori militari, il clima era quello dei grandi eventi. A Lamy disse: «Guarda, deve esserci qualche capo di Stato in visita, entriamo dall'ingresso secondario». Ovviamente non c'era alcun capo di Stato in visita e gli onori erano tutti per lui, il primo francese a ricoprire la carica di Presidente della Commissione dopo la data spartiacque del 1979, anno dal quale il Parlamento Europeo divenne a elezione diretta. Il gustoso racconto di Lamy è la migliore fotografia per delineare i tratti della personalità di Delors, la sua disponibilità verso gli altri, la sua discrezione. Una modestia che mai si fece cedevolezza; anzi, in lui questa misura, secondo quanti gli lavorarono accanto, si traduceva nella più forte determinazione si potesse immaginare, in un rigore metodologico basato sul dialogo e la comprensione attenta dei fenomeni e delle cause che li originano.

Ho avuto il privilegio di conoscerlo negli ultimi anni della sua vita e, come ho raccontato nel primo capitolo, anche l'occasione di frequentarlo periodicamente, da quando diventai, a Parigi, presidente dell'Istituto che porta il suo nome. Un onore unico poterlo incontrare, scambiare idee sul presente e sul futuro e chiedergli il racconto di episodi del passato e la ricostruzione di eventi salienti della storia europea. Una fortuna di cui non finirò mai di essere riconoscente. Tantissime volte, nel corso del viaggio in Europa per preparare il Rapporto, mi è venuto in mente un episodio, un concetto, una semplice battuta di quegli incontri del pomeriggio in rue Saint-Jacques. E assai spesso ho colto nei miei interlocutori il bisogno o la speranza di potersi aggrappare a un riferimento, a un insegnamento, a un indizio su cosa Delors avrebbe fatto o detto oggi di fronte alle terribili sfide che deve affrontare l'Europa.

Ripenso, ora che non è più tra noi, a come mi è stato raccontato e a come l'ho conosciuto. E ragiono sul modello di politico e di statista che fu e che sempre colpisce chi guarda all'Europa e alla politica con lo spirito di servizio e di abnegazione che hanno caratterizzato la sua vita. Provo qui a sintetizzare i tanti tratti della sfaccettata leadership di Delors in sette concetti chiave, vere e proprie lezioni del suo metodo, che possono rivelarsi estremamente preziose oggi. Prima di tutto, mi torna in mente ciò che lui, a dispetto di tanta retorica successiva, intendeva a proposito del prevalere del «noi» rispetto al dominio dell'«io». Eccola, dunque, la prima lezione: il suo «noi» era la cifra di un impegno civile instancabile, che si esplicitava sempre congiuntamente come metodo e come contenuto. Riteneva che la personalizzazione portata agli eccessi fosse strutturalmente contraria al perseguimento del bene comune e che il prevalere del senso collettivo e di comunità non potesse che prevalere. Il «noi» di Delors non è un *escamotage* per irretire gli interlocutori o il pubblico, non è falsa modestia, non è ipocrisia. È esattamente l'opposto: è l'approccio più efficace per arrivare alle soluzioni migliori perché dietro c'è il metodo del rispetto e della tolleranza.

Proprio il rispetto e tolleranza costituiscono la seconda e la terza lezione del metodo Delors e, a ben vedere, sono i due valori che più forgiano l'idea comunitaria, quelli in virtù dei quali sono possibili la convivenza e la pace in questo piccolo pezzo di terra che è l'Europa. Come faremmo se non prevalessero il rispetto e la tolleranza? Ci sarebbe l'Europa unita? Io credo di no.

Il rispetto per gli altri – quelli che sono qui accanto a noi, al di là della frontiera nazionale o anche dentro i nostri stessi confini – significa comprensione delle persone e delle genti, attitudine a non accontentarsi dello stereotipo e delle scorciatoie che, inevitabilmente, spingono verso lo scontro e il conflitto. Ma rispetto che vuol dire anche pazienza e disponibilità, vuol dire darsi il tempo per capire chi è davvero l'altro e che cosa c'è dietro quel che dice o quel che appare. Rispetto vuol dire infine sapere che quel che sono io è frutto di una serie infinita di casualità, a partire dalla terra nella quale sono nato e dal sangue che scorre nelle mie vene. E queste casualità poco hanno a vedere con il mio merito e il mio impegno. Chi sarei io, se invece che a Pisa, fossi nato in un campo profughi a Gaza? Il rispetto da solo, tuttavia, non basta. Senza una reale spinta empatica, esso può tradursi in freddezza o in distacco. Di qui la necessità di accompagnarlo alla tolleranza. Ti rispetto non solo perché le regole o l'educazione o l'etichetta mi impongono di farlo, ma perché sono convinto che possiamo e dobbiamo convivere e che la nostra Europa non possa essere una sequenza di ghetti. Sperimentiamo e pratichiamo la tolleranza perché è l'unica via alla convivenza pacifica ed è soprattutto l'unica possibilità di crescita basata sul protagonismo di tutti, ciascuno secondo le proprie caratteristiche e le proprie responsabilità.

Tutto questo non può però produrre risultati durevoli e solidi se dietro non c'è una reale volontà di capire l'altro. E per capire l'altro, occorre prima di tutto l'ascolto, la nostra quarta lezione. Delors ascoltava e domandava. Con grande curiosità e interesse per l'interlocutore che aveva di fronte. Lui, che per statura e profondità avrebbe potuto compiacersi di uditori silenziosi e attenti, evitava di parlare di sé, a meno che non fosse esplicitamente richiesto di farlo. Ometto di ricordare quanti grandi, o sedicenti grandi, personaggi della politica ho conosciuto nel corso degli anni, ai quali si risvegliava l'interesse, da anziani, solo quando potevano parlare di sé stessi e di quel che avevano fatto. Un'altra pasta.

Su queste basi – e vengo alla quinta lezione – non stupisce che la stessa espressione della leadership orizzontale di Delors sia stata l'esito di un grande sforzo collettivo, con una straordinaria volontà di tirare fuori il meglio da chiunque, che fossero i suoi commissari o i suoi collaboratori. E certamente era ricambiato da chi riconosceva la forza e la potenza di un metodo che si faceva, esso stesso, contenuto. Del resto, i suoi commissari, i suoi collaboratori, i suoi amici, tutte le persone che nel tempo ho avuto modo di conoscere e di apprezzare per rigore morale, competenza e passione civile, erano simili a lui.

Storie spesso nascoste e incredibili come quella di Étienne Davignon, il commissario belga che accompagnò Delors nella sua scoperta di Bruxelles e delle istituzioni europee, ambiti di cui peraltro era da tempo padrone. Proprio Davignon era già stato individuato e quasi designato come Presidente della Commissione per il mandato di cui poi all'ultimo tuffo, su spinta di Helmut Kohl, fu incaricato lo stesso Delors. Chissà cosa avrebbe combinato un altro al suo posto. Davignon, invece, disse che di fronte a Delors si faceva immediatamente da parte, perché riconosceva nella sua leadership l'utilità e la potenza che erano indispensabili per la missione di rilancio dell'Europa unita. Rimase al suo fianco, supportandolo giorno dopo giorno, in quella straordinaria rivoluzione gentile che fu il mercato delle quattro libertà. In pratica, erano due concorrenti a una carica prestigiosissima che diventarono amici inseparabili. Un'amicizia di cui Davignon fece un racconto irresistibile a Bruxelles, al Berlaymont, la sera della cerimonia ufficiale per Delors, dopo la sua scomparsa, con aneddoti seri conditi dal ricordo di quelle domeniche allo stadio, entrambi appassionati di calcio a seguire «gli anni d'oro del grande Anderlecht e a fischiare l'arbitro quando era necessario».

Accanto a questi tratti di gentilezza e rispetto, Delors era però anche l'uomo della competenza, della cura del dettaglio e dell'approfondimento preliminare a qualunque scelta da assumere. Soprattutto – ed ecco la sesta lezione – era l'uomo dell'attenzione all'*enforcement*, a quella che con una abusata definizione noi chiamiamo «messa a terra» delle decisioni. Nessuna pedanteria, ma un profondo senso del dovere e, in particolare, il bisogno di portare fino in fondo l'applicazione delle decisioni prese. Lui era quello del «cacciavite» e della messa a terra. Ogni volta, nel chiedermi cosa stessimo facendo all'Istituto, portava l'esame fino al dettaglio e soprattutto voleva essere sicuro che quel che stavamo impostando fosse in grado di raggiungere concretamente e fino in fondo gli obiettivi prefissati. Nel suo modo di fare non c'era alcun accomodamento o espediente. Sempre e solo la convinzione che, una volta assunta la decisione, il lavoro non fosse terminato, fosse solo a metà perché, dopo, ci sarebbero state l'adozione e l'implementazione, importanti tanto quanto tutte le fasi preliminari. Ho tentato di calibrare questi suoi insegnamenti nello scrivere la parte del Rapporto dedicata all'*enforcement*, alla messa a terra delle decisioni. Come emerge dal testo, si tratta di una delle criticità maggiori dell'Europa attuale: l'incapacità di trasporre fino in fondo, nella realtà dei cittadini, nella loro vita concreta di ogni giorno, le scelte fatte dalle istituzioni è un problema cruciale che necessita di una risposta organica. Abbiamo provato a indicare alcune piste di intervento. Riassumere qui tutto Delors in sette piste di riflessione è un compito ovviamente improbo, anzi impossibile. Conservo in me le lezioni imparate e i racconti della sua vita, anche quelli basati sulle delusioni della politica nazionale, non priva di amarezze e di strascichi. Ma niente regge il confronto del suo messaggio potente a favore di una politica coraggiosa e determinata, coerente con i principi, integerrima nei comportamenti.

Una politica capace ogni volta di rilanciare, anche dopo una battuta d'arresto, di far tesoro delle difficoltà incontrate per trasformarle in opportunità. È la sua settima lezione, forse quella più proiettata al futuro. Forti di questo esempio, negli anni abbiamo voluto costruire percorsi di formazione per giovani appassionati dell'Europa attraverso la nascita a Roma della Scuola di Politiche, intitolata a Nino Andreatta, e a Parigi dell'Académie Notre Europe, intitolata proprio a Jacques Delors. Due grandissimi costruttori di Europa e servitori del bene comune a ispirare idealmente un percorso gratuito per studenti di ogni provenienza sociale e interesse professionale. Il percorso è pensato per avvicinare all'UE anche e soprattutto coloro che non sono esperti o che non immaginano di diventare professionisti della materia. Giovani che hanno interessi diversi – tanti gli aspiranti medici, i musicisti o gli architetti – ma che nel corso di quasi un decennio hanno dimostrato di essere animati da una genuina passione per la cosa pubblica.

La Scuola a Roma è nata nel 2015, a Parigi nel 2017 e ora ne sta crescendo un'altra a Barcellona, la Academia Europea Leadership, fondata e guidata da Josep Antoni Duran i Lleida. In comune, oltre ad alcuni aspetti organizzativi e alla proiezione europea, hanno il legame con le radici, l'approfondimento dei valori di riferimento e la fissazione dei punti cardinali della bussola. Tra questi punti c'è sicuramente la grande sfida dello Stato di diritto che pare essere in discussione da molte parti, fuori e dentro l'UE. La Commissione negli anni ha iniziato ad agire con crescente consapevolezza e determinazione. I casi dell'Ungheria e della Polonia di prima, come quelli della Slovacchia e di altri Stati Membri, sono stati e sono oggetto di iniziative comunitarie sempre più pressanti.

Tuttavia, come nel loro piccolo queste esperienze di formazione testimoniano, i valori democratici e di libertà e giustizia possono essere rafforzati anche dal basso e soprattutto a partire dalle nuove generazioni. A maggior ragione ha senso farlo se si riesce a tenere vivo il nesso ideale con chi l'Europa l'ha pensata e l'ha costruita, passo dopo passo.

Per quanto mi riguarda, i pomeriggi della rue Saint-Jacques con Delors sono stati l'occasione per interiorizzare fino in fondo una consapevolezza: le realizzazioni che ci consentono di vivere meglio e di sfruttare al massimo la bellezza del nostro straordinario continente – esattamente come il Mercato Unico – non sono nate come piante spontanee, non sono scontate, non sono sempre esistite. Prima di Delors non c'erano. La fatica del realizzarle è stata straordinaria quanto unico ed eccezionale è il fatto di poterle vivere oggi. Non dobbiamo darle per scontate e dobbiamo far sì che neppure i giovani lo facciano. Il nostro compito, il compito di chi ama l'Europa, è rilanciare ogni giorno quelle conquiste, trovando sempre nuove motivazioni e non stancandosi mai di difenderle, valorizzarle e attualizzarle.

Ringraziamenti

Se i miei genitori non avessero deciso di portare me e mio fratello a vivere con loro a Strasburgo quando eravamo bambini, ben prima della nascita dell'Europa del Mercato Unico, questo libro e la passione europea che lo accompagna forse non ci sarebbero stati.

Così come non ce l'avrei fatta se non fossi stato accompagnato e aiutato in questo viaggio da Tullio Ambrosone, Andrea Lamberti, Monica Nardi e Nicolò Conti. Grazie anche a Eric Philippart a Bruxelles.

Grazie al Mulino, e in particolare ad Alessia Graziano, per l'idea e l'impegno di trasformare tutta la complessa e affascinante esperienza del viaggio in un libro. Grazie all'Arel e al suo Presidente, Francesco Merloni.

E grazie ai ricercatori e ai direttori della rete dell'Istituto Jacques Delors di Parigi, Berlino e Bruxelles, coordinati da Pascal Lamy.

Come ho scritto nel libro un ringraziamento di cuore alle tante e ai tanti che hanno contribuito al Rapporto, e quindi al libro, con suggerimenti, commenti e idee. Talmente tanti da non riuscire a citarli. Davvero un esercizio collettivo.

Un grazie semplicemente infinito alla mia famiglia, a mia moglie e ai miei figli.

MISTO
Carta | A sostegno della gestione forestale responsabile
FSC® C021883

Finito di stampare nel giugno 2024 presso
Grafica Veneta – via Malcanton 2 – Trebaseleghe (PD)
Printed in Italy

contemporanea

ultimi volumi pubblicati:

291. Fabrizio Barca – Patrizia Luongo (a cura di), *Un futuro più giusto. Rabbia, conflitto e giustizia sociale*
292. Marcello Flores, *Cattiva memoria. Perché è difficile fare i conti con la storia*
293. Paolo Gerbaudo, *The Digital Party. L'organizzazione politica nell'era delle piattaforme*
294. Chiara Giaccardi – Mauro Magatti, *Nella fine è l'inizio. In che mondo vivremo*
295. Federico Neresini, *Io e il mio DNA. Abbiamo davvero un destino genetico?*
296. Paolo Bricco, *Cassa Depositi e Prestiti. Storia di un capitale dinamico e paziente. Da 170 anni*
297. Paolo Pombeni, *Sinistre. Un secolo di divisioni*
298. Gianpiero Dalla Zuanna – Daniele Vignoli, *Piacere e fedeltà. I millennials italiani e il sesso*
299. Gianfranco Pacchioni, *W la CO2. Possiamo trasformare il piombo in oro?*
300. Paolo Perulli, *Nel 2050. Passaggio al nuovo mondo*
301. Marco Ventura, *Nelle mani di Dio. La super-religione del mondo che verrà*
302. Tim Wu, *La maledizione dei giganti. Un manifesto per la concorrenza e la democrazia*
303. Paolo Guerrieri, *Partita a tre. Dove va l'economia del mondo*
304. Fred L. Block, *Capitalismo. Il futuro di un'illusione*
305. Katia Crawford, *Né intelligente né artificiale. Il lato oscuro dell'IA*

306. Antonio Nicita, *Il mercato delle verità. Come la disinformazione minaccia la democrazia*
307. Silvio Garattini, *Brevettare la salute? Una medicina senza mercato*
308. Tiziana Iaquinta, *Unlocked. Genitori ed educatori durante e dopo la pandemia*
309. Tim Jackson, *Post crescita. La vita oltre il capitalismo*
310. Chiara Giaccardi – Mauro Magatti, *Supersocietà. Ha ancora senso scommettere sulla libertà?*
311. Paolo Pagliaro, *Cinque domande sull'Italia. I dilemmi di un paese inquieto*
312. Carlo Trigilia, *La sfida delle disuguaglianze. Contro il declino della sinistra*
313. Francesco Strazzari, *Frontiera Ucraina. Guerre, geopolitiche e ordine internazionale*
314. Elisabetta Gualmini, *Mamma Europa. Una nuova Unione dopo crisi e scandali*
315. Andrea Graziosi, *Occidenti e Modernità. Vedere un mondo nuovo*
316. Salvatore Vassallo – Rinaldo Vignati, *Fratelli di Giorgia. Il partito della destra nazional-conservatrice*
317. Nello Cristianini, *La scorciatoia. Come le macchine sono diventate intelligenti senza pensare in modo umano*
318. Salvatore Rossi, *Breve racconto dell'Italia nel mondo attraverso i fatti dell'economia*
319. Arnaldo Testi, *I fastidi della storia. Quale America raccontano i monumenti*
320. Silvio Garattini, *Prevenzione è rivoluzione. Per vivere meglio e più a lungo*
321. Maurizio Scarpari, *La Cina al centro. Ideologia imperiale e disordine mondiale*
322. Chiara Giaccardi – Mauro Magatti, *Generare libertà. Accrescere la vita senza distruggere il mondo*
323. Piero Ignazi, *Il populista in doppiopetto. Berlusconi e la politica italiana*
324. Paolo Boccagni, *Vite ferme. Storie di migranti in attesa*
325. Nello Cristianini, *Machina sapiens. L'algoritmo che ci ha rubato il segreto della conoscenza*
326. Emanuele Felice – Alberto Mingardi, *Libertà contro libertà. Un duello sulla società aperta*
327. Sergio Della Pergola, *Essere ebrei, oggi. Continuità e trasformazione di un'identità*
328. Enrico Letta, *Molto più di un mercato. Viaggio nella nuova Europa*